Kathrin Salzwedel/Ramin Madani

# Quitten

Herzhaft & süß

Jan Thorbecke Verlag

# Inhalt

# Wissenswertes rund um die Quitte

Quitten besitzen ein ganz besonderes Aroma. Zu Recht erfährt die Quitte daher in den letzten Jahren eine Renaissance, nachdem sie zwischenzeitlich für einige Jahrzehnte etwas in Vergessenheit geraten war. Dies liegt vermutlich vor allem daran, dass sich die festen Früchte – im Unterschied zu Äpfeln oder Birnen – aufgrund der enthaltenen Bitter- und Gerbstoffe normalerweise nicht zum Rohverzehr eignen und daher vor der Verwendung gekocht werden müssen. Der Flaum auf der Schale enthält außerdem viele Bitterstoffe und sollte daher vor der Weiterverarbeitung abgerieben werden. Die Verarbeitung von Quitten ist also etwas aufwändiger als bei ihren Verwandten, den Äpfeln oder Birnen. Doch das machen sie mit ihrem köstlichen Aroma mehr als wett!

Genießen lassen sich die Früchte auf vielfältige Weise: Zu Saft, Likör, Mus, Gelee, Kompott, Quittenbrot, Chutney,

Kuchen und Nektar verarbeitet, kommt der herb-säuerliche Geschmack der Quitte zur Geltung. Auch als geschmacksbereichernde Zugabe bei der Herstellung von Apfelmost eignen sich Quitten.

Man unterscheidet je nach Form der Früchte zwischen Apfel- und Birnenquitten. Insgesamt gibt es etwa 700 Quittensorten mit klingenden Namen wie Konstantinopeler Apfelquitte, Fränkische Hausquitte oder Astheimer Perlquitte. Die meisten dieser Sorten wurden nicht eigens gezüchtet, sondern sind zufällig entstanden. Die Sorten unterscheiden sich in Geschmack, Inhaltsstoffen sowie Form und Größe der Früchte. Beispielsweise können die apfelförmigen Früchte der 'Riesenquitte von Leskovac' bis zu 1500 g schwer werden.

Quitten sind nicht so häufig im Handel zu erwerben wie Äpfel und Birnen. Sie lassen sich zur Erntezeit vor allem auf den Wochenmärkten oder in Hofläden kaufen. Süße Sorten, die sich sogar zum Frischverzehr eignen, kann man in türkischen Lebensmittelgeschäften finden. Wild wachsend entdeckt man die Quitte vor allem in Weinbaugegenden, wo die frostempfindliche Frucht wegen des milden Klimas gut gedeiht – vielleicht haben Sie ja sogar eine Quitte im eigenen Garten oder das Glück, jemanden zu kennen, der einen Quittenbaum besitzt und Ihnen einen Teil der köstlichen Ernte abgibt.

# Quittenmus

VEGAN

**FÜR CA. 500 G** *Zubereitungszeit: 15 Minuten | Kochzeit: 40 Minuten | Backzeit: 2 Stunden*

**ZUTATEN:** 1 kg Quitten × 175 ml Apfelsaft × 1 TL Ceylon-Zimt × 135 g brauner Zucker × 2 EL Apfelessig

1. Die Quitten heiß abspülen und die pelzige Oberfläche gut abreiben. Dann vierteln, das Kerngehäuse großzügig herausschneiden und die Früchte in Stücke schneiden. Die Quitten in einen großen ofenfesten Topf geben, den Apfelsaft hinzufügen und zugedeckt etwa 40 Minuten köcheln lassen. Ab und zu umrühren.
2. Den Backofen auf 175 °C Ober-/Unterhitze vorheizen.
3. Dann die Quitten in einen Standmixer geben und sehr fein pürieren. Den Topf säubern. Nun Zimt, Zucker und Essig unterrühren und das Mus wieder in den Topf geben. Den offenen Topf im Backofen auf der zweiten Schiene von unten 2 Stunden backen, hierbei ab und zu umrühren. Das Mus ist fertig, wenn es leicht karamellisiert und cremig ist.
4. Das fertige Quittenmus in sterile Gläser füllen und abkühlen lassen.

# Kürbis-Quitten-Apfelmus

VEGAN

**FÜR ETWA 1 GLAS À 350 ML**

*Zubereitungszeit: 15 Minuten / Kochzeit: ca. 40 Minuten*

**ZUTATEN:** 600 g Kürbis (z. B. Hokkaido- oder Muskatkürbis) × 250 g Quitten × 200 g Äpfel × 45 g brauner Zucker (optional) × ½ TL Zimt × 1 Msp. Vanillemark (optional)

1. Kürbis, Quitten und Äpfel waschen, schälen (Hokkaido muss nicht geschält werden), entkernen und klein würfeln. In einen großen Topf geben und mit etwa 200 ml Wasser langsam ca. 25 Minuten köcheln lassen, bis die Früchte zerfallen. Hierbei immer wieder umrühren, damit nichts am Boden anbrennt.
2. Wenn Kürbis, Quitten und Äpfel zerfallen sind, etwas abkühlen lassen und in einen Stand-Mixer geben. Dieser Schritt führt zu einem superglatten Fruchtmus.
3. Dann die fein pürierte Masse zurück in den Topf geben, Zucker, Zimt und Vanille hinzufügen und unter Rühren 15 Minuten cremig dick einkochen. In heiß ausgespülte Gläser füllen und im Kühlschrank aufbewahren. Das Mus hält sich ca. 2 Wochen im Kühlschrank.

# Eingelegter Kürbis mit Quitte

VEGAN

**FÜR 2 GLÄSER À 750 ML**

*Zubereitungszeit: 20 Minuten / Kochzeit: 5 Minuten*

**ZUTATEN:** 1 Hokkaidokürbis (1 kg) × 1 Quitte (280 g) × 1 cm Ingwer × 200 ml Apfelessig × 150 g Zucker × 1 ½ EL Salz × 8 Pimentkörner × 1 Gewürznelke × ½ Zimtstange

1. Den Kürbis putzen und die Kerne mit einem Löffel entfernen. Das Fruchtfleisch in schmale Spalten schneiden. Die Quitte gut abwaschen, vierteln und das Kerngehäuse entfernen. Dann in schmale Spalten schneiden. Den Ingwer schälen und in dünne Scheiben schneiden.
2. Die übrigen Zutaten mit 250 ml Wasser in einen Topf geben und aufkochen. Kürbis, Quitte und Ingwer dazugeben und 5 Minuten kochen lassen.
3. 2 Gläser heiß auskochen. Kürbis und Quitte gleichmäßig auf die Gläser verteilen und mit dem Sud bedecken. Die Gläser gut verschließen, abkühlen lassen und mindestens 1 Monat an einem kühlen, dunklen Ort ziehen lassen. Nach dem Öffnen im Kühlschrank aufbewahren.

# Kürbis-Quitten-Chutney

VEGAN

**FÜR 2 GLÄSER À 300 ML**

*Zubereitungszeit: 10 Minuten / Kochzeit: 30–40 Minuten*

**ZUTATEN:** 450 g Hokkaidokürbis × 160 g Quitte × 140 g Schalotten × 1 TL Senfkörner × ¼ TL Zimt × 1 Lorbeerblatt × 60 g brauner Rohrzucker × ca. 200 ml Apfelessig × 80 ml Apfelsaft + mehr bei Bedarf

1. Den Kürbis entkernen und in kleine Würfel schneiden, die Quitte gut abwaschen, entkernen und ebenfalls in kleine Würfel schneiden. Die Schalotten schälen und fein hacken.
2. Nun mit den restlichen Zutaten in einen Topf geben und einmal aufkochen lassen. Bei geschlossenem Deckel 30–40 Minuten weich köcheln. Dabei ab und zu umrühren und ggf. mehr Apfelsaft hinzufügen, sollte die Flüssigkeit verkocht sein.
3. Das Chutney in heiß ausgespülte Gläser abfüllen und abkühlen lassen. Es hält sich im Kühlschrank etwa 1–2 Wochen.

# Quitten-gelee

VEGAN

**FÜR 5 GLÄSER À 300 ML**

*Zubereitungszeit: 40 Minuten / Kochzeit: 44 Minuten*

**ZUTATEN:** 2 kg Quitten × ca. 500 g Gelierzucker 2:1 × ½ TL Zimt oder das Mark einer Vanilleschote (optional) × 2 EL Zitronensaft

1. Die Quitten gut waschen, um den Flaum zu entfernen. Stiele, Blüten und Kerngehäuse entfernen und den Rest in grobe Würfel schneiden.
2. Die Quitten in einen großen Kochtopf geben und mit Wasser bedecken. Einmal aufkochen lassen und etwa 40 Minuten bei mittlerer Hitze kochen, bis sie weich sind. Anschließend ein großes Sieb mit einem feuchten Passiertuch auslegen und über einen großen Topf hängen.
3. Die Quitten hineingeben und den Saft abtropfen lassen. Die Früchte dabei nicht ausdrücken, damit der Saft klar bleibt. Die übrig gebliebene Fruchtmasse aufbewahren und z. B. Quittenkonfekt (Seite 44) daraus zubereiten.

↘ Fortsetzung Seite 16

4. Den Quittensaft abmessen und auf einen Liter Saft 500 g Gelierzucker nehmen. Quittensaft, Zimt, Zitronensaft und Gelierzucker in einen Topf geben und bei starker Hitze unter Rühren etwa 4 Minuten sprudelnd kochen lassen. Unbedingt eine Gelierprobe machen (siehe Tipp).
5. Das flüssige Gelee in heiß ausgespülte Twist-Off-Gläser füllen, gut verschließen und für 10 Minuten auf den Kopf stellen. Wieder umdrehen und vollständig erkalten lassen. Kühl und dunkel gelagert hält das Gelee 1 Jahr.

TIPP: *Für die Gelierprobe zum Ende der Kochzeit 1 TL des heißen Gelees auf einen kalten Teller geben. Verläuft die Masse, ohne fest zu werden, das Gelee noch 1 Minute weiterkochen, dann die Gelierprobe erneut wiederholen. Wird die Masse nach kurzer Zeit fest, ist die Gelierprobe bestanden.*

# Quitten-Dinkelbrot

**FÜR 1 LAIB** *Zubereitungszeit: 15 Minuten | Ruhezeit: ca. 1 Stunde 30 Minuten | Backzeit: 30–35 Minuten*

**ZUTATEN:** 300 g Dinkelmehl Type 630 × 200 g Dinkelvollkornmehl × 1 Pck. Trockenhefe × 10 g Salz × 60 g weiche Butter × 100 ml Hafermilch × 300 g Quittenmus (Seite 7)

1. Beide Mehlsorten mit der Hefe und dem Salz in eine Rührschüssel geben. Die Butter und die Hafermilch in einen Topf geben und lauwarm erhitzen. Mit dem Quittenmus zum Mehl geben. Mit dem Knethaken ca. 8 Minuten kneten. Abgedeckt 1 Stunde ruhen lassen.
2. Den Teig auf einer Arbeitsfläche zu einer straffen Kugel formen. Leicht mit Mehl bestäuben und nochmals etwa 30 Minuten ruhen lassen.
3. In der Zwischenzeit den Backofen mit einem Gusseisentopf mit Deckel auf 250 °C Ober-/Unterhitze vorheizen.

↘ Fortsetzung Seite 18

4. Das Brot an der Oberfläche mit einem scharfen Messer einschneiden, in den heißen Topf setzen, den Deckel schließen und 10 Minuten backen. Den Deckel entfernen, die Temperatur auf 210 °C Ober-/Unterhitze reduzieren und weitere 20–25 Minuten knusprig braun backen. 5 Minuten vor Backende die Ofentüre einmal kurz öffnen. Das Brot aus dem Topf stürzen und auf einem Rost abkühlen lassen.

# Müsli mit Quitten-Birnen-Kompott

**FÜR 2 PORTIONEN** *Zubereitungszeit: 10 Minuten / Ruhezeit: mindestens 30 Minuten / Kochzeit: 3–5 Minuten*

**ZUTATEN MÜSLI:** 100 g Haferflocken × 1 EL Leinsamen × 2 EL Sonnenblumenkerne × 350 ml Milch (z. B. Hafermilch) × 80 g Mandeln × 1 kleiner Apfel × 150 g Joghurt × Nüsse und Nussmus zum Servieren (optional)

**ZUTATEN KOMPOTT:** 1 Birne × 1 kleine Quitte × 1 Prise Zimt × 1 TL Zucker

1. Die Haferflocken, die Leinsamen und die Sonnenblumenkerne in einer Schüssel mit der Milch verrühren und mindestens 30 Minuten oder über Nacht ziehen lassen.
2. Die Mandeln in einer Pfanne ohne Fett rösten und klein hacken. Das Kerngehäuse des Apfels ausstechen und diesen mit Schale raspeln. Alle Zutaten für das Müsli gut verrühren.
3. Für das Kompott die Birne und die Quitte schälen und entkernen. Dann in Würfel schneiden. In einen Topf geben und mit Zimt, Zucker und 1–2 EL Wasser 3–5 Minuten leicht köcheln lassen.
4. Zum Servieren das Kompott und – wer mag – Nüsse und Nussmus über das Müsli geben.

# Herzhafte Frühstücksmuffins

**FÜR 6–8 MUFFINS**

*Zubereitungszeit: 15 Minuten / Backzeit: 25 Minuten*

**ZUTATEN:** 125 g Zucchini × 50 g Quitte × 100 g Paprika (grün oder rot) × 2 EL Oliven × 65 g geriebener Cheddar × 120 ml Milch × 50 g Naturjoghurt × 55 ml Olivenöl × 2 Eier × 125 g Dinkelmehl Type 630 × 2 TL Backpulver × ½ TL Salz

1. Das Muffinblech einfetten oder Papierförmchen einlegen. Den Backofen auf 180 °C Ober-/Unterhitze vorheizen.
2. Die Zucchini waschen und raspeln, die Quitte schälen, entkernen und ebenfalls raspeln. Beides auf ein sauberes Geschirrtuch legen und den Saft auspressen. Die Paprika waschen, entkernen und in kleine Würfel schneiden; die Oliven klein hacken.
3. Zucchini, Quitte, Paprika und Oliven in eine große Rührschüssel geben. Geriebenen Käse, Milch, Joghurt, Olivenöl und Eier hinzufügen und alles vermischen. Mehl, Backpulver und Salz mischen und dann langsam zu den feuchten Zutaten geben. Vorsichtig unterheben und den Teig in die Muffinförmchen geben.
4. Die Muffins 25 Minuten goldbraun backen und am besten warm servieren.

# Quitten-Zucchini-Kürbis-Galette

**FÜR 1 GALETTE** *Zubereitungszeit: 20 Minuten / Kühlzeit: 30 Minuten / Backzeit: 40 Minuten*

**ZUTATEN TEIG:** 75 g Kürbiskerne × 180 g Dinkelmehl Type 630 × 1 TL Salz × 100 g Butter × 1 Eigelb zum Bestreichen

**ZUTATEN FÜLLUNG:** ½ TL Koriandersamen × 260 g Kürbis × 270 g Zucchini × 160 g Quitte × 2 Schalotten × 2 Zweige Rosmarin × 100 g geriebener Cheddar × 4 EL Olivenöl × Meersalz × schwarzer Pfeffer × ¼ TL Cayennepfeffer

1. Die Kürbiskerne in einer Pfanne ohne Fett anrösten und abkühlen lassen. In einen Mixer geben und fein mahlen. Zusammen mit dem Mehl, dem Salz, der Butter und 60 ml kaltem Wasser in eine Schüssel geben und mit den Händen zu einem Teig kneten. In Frischhaltefolie wickeln und 30 Minuten in den Kühlschrank stellen.
2. Währenddessen für die Füllung den Koriander im Mörser zerstoßen. Kürbis, Zucchini und Quitte putzen, Kürbis und Quitte entkernen und alle drei auf der Mandoline in feine Streifen/Scheiben hobeln. Die Schalotten schälen und in feine Ringe schneiden. Die Rosmarinnadeln abstreifen und fein hacken.

↘ Fortsetzung Seite 27

3. Kürbis, Zucchini, Quitte, Schalotten, Käse, Öl, Rosmarin und Gewürze in eine Schüssel geben und vermengen.
4. Den Backofen auf 200 °C Ober-/Unterhitze vorheizen.
5. Den Teig auf einem leicht bemehlten Backpapier rund ausrollen. Die Füllung mittig darauf verteilen und mit den überstehenden Teigrändern bedecken. Das Eigelb mit 2 EL Wasser verquirlen und den Rand damit bestreichen.
6. Für 40 Minuten goldgelb backen. Sollten die Ränder zu dunkel werden, diese mit Alufolie oder Backpapier bedecken.

# Blätterteigstrudel mit Weißkohl und Quitte

**FÜR 1 STRUDEL** *Zubereitungszeit: 20 Minuten / Kochzeit: ca. 15 Minuten / Backzeit: 40 Minuten*

**ZUTATEN:** 500 g Weißkohl × 1 Karotte × 150 g Quitte × 2 EL Bratöl × 1 TL Kümmel × Meersalz × schwarzer Pfeffer × 100 ml Gemüsebrühe × 1 Rolle Dinkelblätterteig × 150 g Fetakäse × 2 Eier + 1 Eigelb zum Bestreichen × 200 ml Sahne × Muskatnuss

1. Den Weißkohl putzen und in feine Streifen schneiden. Die Karotte schälen und raspeln. Die Quitte waschen, entkernen und in kleine Würfel schneiden.
2. 2 EL Öl in einer großen Pfanne erhitzen und den Weißkohl darin braun anbraten. Die Karotte, die Quitte und den Kümmel dazugeben und mit anbraten. Mit Salz und Pfeffer würzen. Mit 100 ml Brühe ablöschen und 10 Minuten garen. Beiseitestellen und abkühlen lassen.

↘ Fortsetzung Seite 31

3. Den Backofen auf 200 °C Ober-/Unterhitze vorheizen. Eine Kastenform (25 cm) zunächst mit Backpapier, dann mit dem Blätterteig auslegen. Dabei sollte noch genug Teig überstehen, um die Füllung zu bedecken.
4. Den Fetakäse zerkrümeln und unter das Gemüse mischen. Dann das Gemüse in die Form einfüllen. Die Eier und die Sahne verquirlen und mit Pfeffer, Salz und Muskatnuss würzen. Anschließend über dem Gemüse verteilen.
5. Den überstehenden Teig über die Füllung legen und gut andrücken. Mit einer Gabel mehrfach einstechen und mit verquirltem Eigelb bestreichen. Auf der mittleren Schiene 40 Minuten goldbraun backen. Vor dem Anschneiden etwas abkühlen lassen.

# Pimientos-Pfanne mit Hirse und Quitten

VEGAN

**FÜR 1 PORTION ODER 2 VORSPEISEN**

*Zubereitungszeit: 10 Minuten / Kochzeit: 15 Minuten*

**ZUTATEN:** 80 g Hirse × 200 g grüne Bratpaprika (Pimientos) × 1 rote Zwiebel × 80 g Cocktail-Tomaten × 3 EL Olivenöl × Meersalz × 1 Knoblauchzehe × 125 g Kichererbsen (Dose) × ½ Quitte × 1 EL Tomatenmark × Chiliflocken (optional) × 1 kleines Bund Petersilie × schwarzer Pfeffer

1. Die Hirse nach Packungsanleitung zubereiten.
2. Währenddessen die Pimientos waschen, die Zwiebel schälen und in Ringe schneiden. Die Tomaten halbieren.
3. 2 EL Olivenöl in einer Pfanne erhitzen und die Pimientos darin kräftig anbraten. Die Zwiebeln und die Tomaten hinzufügen und salzen. Gut vermischen und 5 Minuten anbraten, dann in eine Schüssel geben.
4. Die Pfanne mit einem Küchenpapier einmal auswischen und 1 EL Olivenöl darin erhitzen. Den Knoblauch schälen, fein hacken und darin anbraten.

↘ Fortsetzung Seite 35

5. Die Kichererbsen abwaschen und in einem Sieb kurz abtropfen lassen. Die Quitte waschen, entkernen und in kleine Würfel schneiden. Beides in die Pfanne geben und kurz mit anbraten. Das Tomatenmark dazugeben, gut vermischen und anrösten, dann mit 150–200 ml Wasser ablöschen und alles 5 Minuten köcheln lassen. Wer mag, gibt nun einige Chiliflocken dazu.
6. Die Petersilie hacken. Die Kichererbsen zu den Pimientos geben und mit der Hirse und der gehackten Petersilie mischen. Mit Salz und Pfeffer abschmecken.

# Quitten-Kürbis-Quiche

**FÜR 1 QUICHE**

*Zubereitungszeit: 20 Minuten / Backzeit: 30–35 Minuten*

**ZUTATEN TEIG:** 170 g Dinkelmehl Type 630 × 1 TL Backpulver × ½ TL Meersalz × 1 Ei × 3 EL Olivenöl × 75 g griechischer Joghurt

**ZUTATEN FÜLLUNG:** 250 g Hokkaidokürbis × 130 g Quitten × 3 Zwiebeln × Öl zum Anbraten × 1 TL frische Thymianblätter × 1 TL frische Majoranblätter × 2 Eier × 200 ml Schlagsahne × Muskatnussabrieb × Meersalz × schwarzer Pfeffer × 80 g geriebener Weinkäse oder ähnlicher Käse

1. Das Mehl, das Backpulver und das Salz in eine Schüssel geben und mischen. Das Ei, das Öl und den Joghurt hinzugeben und alles mit einem Löffel verrühren. Dann mit den Händen zügig zu einem glatten Teig kneten.
2. Auf einer gut bemehlten Arbeitsfläche den Teig rund ausrollen. Eine Quicheform fetten und den Teig in die Form legen. Überstehende Ränder nach Wunsch abschneiden.

↘ Fortsetzung Seite 39

3. Den Backofen auf 200 °C Ober-/Unterhitze vorheizen.
4. Den Kürbis und die Quitten gut abwaschen, entkernen und dann in dünne Streifen schneiden. Die Zwiebeln schälen und fein würfeln. Etwas Öl in einer Pfanne erhitzen und die Zwiebeln darin anbraten. Den Kürbis, die Quitten und die Kräuter dazugeben und mitdünsten.
5. Eier, Sahne, Muskatnussabrieb, Salz und Pfeffer verquirlen.
6. Das Gemüse auf den Teigboden geben, mit der Eiermischung übergießen und mit dem Käse bestreuen.
7. Die Quiche im Backofen für 30–35 Minuten goldbraun backen. Nach dem Backen 10 Minuten abkühlen lassen und dann servieren.

# Kürbis-Quitten-Eintopf

VEGAN

**FÜR 4–6 PORTIONEN**

*Zubereitungszeit: 15 Minuten / Kochzeit: 1 Stunde*

**ZUTATEN:** 800 g fester Kürbis (z. B. Hokkaido- oder Muskatkürbis) × 500 g Kichererbsen (Abtropfgewicht) × 3 Karotten × 200 g Quitten × 2 rote Zwiebeln × 5–6 EL Sonnenblumenöl × 1 ½ TL Kurkuma × ½ TL Ceylon-Zimt × schwarzer Pfeffer × 2 Lorbeerblätter × 1 Prise Rübenzucker × 1 EL Tomatenmark × 600–700 ml Gemüsebrühe × 400 g Schältomaten × Muskatnussabrieb × Meersalz

1. Den Kürbis entkernen und ggf. schälen (Muskatkürbis). Danach in ca. 1 cm große Stücke schneiden und beiseitestellen.
2. Die Kichererbsen in ein Sieb geben, abspülen, abtropfen lassen und beiseitestellen. Die Karotten gut waschen, putzen und in Scheiben schneiden. Die Quitten gut waschen, entkernen und in sehr feine Stücke schneiden.

↘ Fortsetzung Seite 43

3. Die Zwiebeln schälen und in feine Stücke schneiden. Im Öl in einem geeigneten Topf anbraten und etwas Farbe nehmen lassen. Kurkuma, Zimt, Pfeffer, Lorbeerblätter und Rübenzucker dazugeben. Dann das Tomatenmark dazugeben und ebenfalls mit anbraten. Nun alles mit der Gemüsebrühe ablöschen und aufkochen lassen. Die Karotten, die gehackten Schältomaten und die Kichererbsen dazugeben und ca. 15 Minuten köcheln lassen.
4. Dann den Kürbis und etwas Muskatnussabrieb dazugeben und nach ca. 20 Minuten mit Meersalz abschmecken. Jetzt die Quittenstückchen unterrühren und nochmals für 25 Minuten auf kleiner Flamme garen.
5. Zum Schluss die Lorbeerblätter entfernen und den Eintopf in schönen Schüsseln anrichten.

# Quitten-konfekt

VEGAN

**QUITTENKONFEKT FÜR 1 BACKBLECH** *Zubereitungszeit: 20 Minuten / Kochzeit: 30–50 Minuten / Backzeit: 1 Stunde*

**ZUTATEN:** 1 kg Quittenmus (Seite 14) × 1 kg Zucker × 2 EL Zitronensaft × feiner Zucker zum Wenden

1. Am besten die übrig gebliebene Quittenmasse von dem Quittengelee auf Seite 14 verwenden. Die Quittenmasse fein pürieren. 1 kg Quittenmus mit 1 kg Zucker und 2 EL Zitronensaft in einen hohen Topf geben und gut verrühren, bis sich der Zucker aufgelöst hat.
2. Einmal kurz aufkochen und bei geringer Hitze und unter Rühren 30–50 Minuten eindicken lassen, bis sich die Masse vom Topfboden löst. Auf ein mit Backpapier ausgelegtes Backblech streichen und bei 80 °C Umluft und leicht geöffneter Ofentüre 1 Stunde trocknen lassen.
3. Bei Zimmertemperatur über Nacht nachtrocknen lassen. Sobald man das Quittengelee vom Backpapier lösen kann, ist es fertig. Dann in Würfel schneiden und in Zucker wenden. Zum Aufbewahren in einer Blechdose zwischen Butterbrotpapier schichten.

# Marzipanwaffeln mit Quittenkompott

**FÜR 4–5 WAFFELN**

*Zubereitungszeit: 20 Minuten / Ruhezeit: 20 Minuten / Kochzeit: 15 Minuten*

**ZUTATEN TEIG:** 85 g weiche Butter + ggf. etwas zum Fetten des Waffeleisens × 60 g brauner Zucker × 2 Eier × 110 g Weizenmehl × 1 TL Backpulver × 50 g gemahlene Haselnüsse × 120 ml Pflanzenmilch × 40 g Marzipanrohmasse

**ZUTATEN QUITTENKOMPOTT:** 500 g Quitten × 125 g Zucker × ½ TL Ceylon-Zimt × 1–2 Gewürznelken

1. Die Butter und den Zucker mit dem Handrührer schaumig schlagen. Die Eier nach und nach unterrühren. Das Mehl mit dem Backpulver und den Nüssen mischen und abwechselnd mit der Milch unter die Butter-Ei-Masse rühren. Das Marzipan grob raspeln und unter den Teig rühren. Den Teig 20 Minuten ruhen lassen.

↘ Fortsetzung Seite 48

2. Währenddessen die Quitten schälen, das Kerngehäuse entfernen und die Quitten in Spalten schneiden.
3. 250 ml Wasser mit dem Zucker und den Gewürzen aufkochen. Die Quitten hinzufügen und 15 Minuten köcheln lassen. Anschließend das Kompott in Gläser füllen und abkühlen lassen.
4. Das Waffeleisen bei Bedarf einfetten. Den Teig portionsweise in das heiße Waffeleisen geben und goldbraun backen. Mit Quittenkompott servieren.

# Schokoladen-Quitten-Mini-Gugelhupfe

**FÜR 6 KÜCHLEIN**

*Zubereitungszeit: 15 Minuten / Backzeit: 15 Minuten*

**ZUTATEN:** 50 g Zartbitter-Schokolade × 50 g weiche Butter + etwas für die Förmchen × 35 g Zucker × 1 Ei × 1 Msp. Vanillemark × 1 Prise Salz × 100 g Quitte × 40 g Mehl × 2 EL gemahlene Mandeln × ¼ TL Backpulver × 3 g Kakaopulver × 2 EL Schokodrops × 2 EL Sauerrahm × Kuvertüre oder Puderzucker zum Bestäuben (optional)

1. Den Backofen auf 180 °C Ober-/Unterhitze vorheizen. 6 Mini-Gugelhupfförmchen gut fetten.
2. Die Schokolade hacken und über dem Wasserbad schmelzen lassen. Etwas abkühlen lassen. Butter, Zucker, Ei, Vanille und Salz in eine Schüssel geben und mit den Quirlen des Handrührers cremig-schaumig schlagen.
3. Die Quitte gut abwaschen, entkernen und raspeln.

↘ Fortsetzung Seite 52

4. Die flüssige Schokolade unter die Butter-Zucker-Mischung rühren. Mehl, Mandeln, Backpulver, Kakaopulver und Schokodrops mischen und mit dem Sauerrahm unter den Teig mischen. Die geraspelte Quitte hinzufügen.
5. Den Teig in die Förmchen füllen und für 15 Minuten backen. Aus dem Ofen nehmen, kurz abkühlen lassen und dann aus den Förmchen nehmen. Auf einem Gitter auskühlen lassen.
6. Wer mag, kann die Gugelhupfe noch in flüssige Kuvertüre tauchen oder mit Puderzucker bestäuben.

# Quitten-Mandelkuchen

**FÜR 1 KUCHEN** *Zubereitungszeit: 20 Minuten / Kühlzeit: 30 Minuten / Backzeit: 1 Stunde*

**ZUTATEN:** 340 g Dinkelmehl Type 630 × 40 g Rohrzucker × 130 g kalte Butter + 120 g weiche Butter × 350 g Quitten × 1 Ei × 90 g Zucker × 1 TL Vanillepaste × 1 Prise Salz × 200 ml kalte Sahne × 50 g gehobelte Mandeln

1. 250 g Mehl und den Rohrzucker in eine Schüssel geben. Die kalte Butter in Würfeln dazugeben und mit den Händen zu einem krümeligen Teig kneten. 40 ml kaltes Wasser hinzugeben und alles zügig zu einem Teig kneten. Dann in Frischhaltefolie wickeln und 30 Minuten kalt stellen.
2. Die Quitten gut waschen, dann vierteln, das Kerngehäuse herausschneiden und die Quitten in Würfel schneiden.
3. Den Backofen auf 180 °C Ober-/Unterhitze vorheizen.
4. Den Mürbeteig ausrollen und in eine mit Backpapier ausgelegte Form legen. Die Quittenwürfel darauf verteilen.

↘ Fortsetzung Seite 55

5. Weiche Butter, Ei, Zucker, Vanille und Salz zügig verrühren. Dann 90 g Mehl einarbeiten. Die Sahne steif schlagen und ebenfalls unter die Teigmasse heben. Die Füllung auf den Quitten verteilen und mit den Mandelblättchen bestreuen.
6. Im Backofen ca. 1 Stunde backen. Evtl. nach 30–40 Minuten mit Backpapier abdecken, damit der Kuchen nicht zu dunkel wird.
7. Nach dem Backen 20 Minuten in der Form abkühlen lassen und dann auf einem Kuchengitter vollständig auskühlen lassen.

# Quitten-Zucchini-Kuchen

VEGAN

**FÜR 1 KUCHEN**

*Zubereitungszeit: 10 Minuten / Backzeit: 45–50 Minuten*

**TROCKENE ZUTATEN:** 180 g Dinkelmehl Type 630 oder Weizenmehl × ½ TL Natron × ½ TL Backpulver × 1 TL Zimt × ¼ TL Muskatnussabrieb × 1 Prise Salz

**FEUCHTE ZUTATEN:** 100 g Zucchini × 200 g Kürbis-Quitten-Apfelmus (Seite 8) × 90 g brauner Zucker × 85 g Ahornsirup × 1 Leinsamen-Ei (siehe Tipp) × 1 TL Vanillepaste

1. Den Backofen auf 180 °C Ober-/Unterhitze vorheizen.
2. In einer großen Rührschüssel alle trockenen Zutaten vermischen.
3. Als Nächstes die Zucchini raspeln. In einer separaten Rührschüssel Kürbis-Quitten-Apfelmus, braunen Zucker, Ahornsirup, Leinsamen-Ei, Vanillepaste und Zucchini miteinander vermischen.

↘ Fortsetzung Seite 58

4. Kurz unter die Mehlmischung rühren und darauf achten, dass nicht zu lange gerührt wird.
5. Den Teig in eine Kastenform (20 cm) gießen und 45–50 Minuten backen. Der Kuchen ist fertig, wenn ein hineingestecktes Holzstäbchen größtenteils sauber und ohne rohen oder flüssigen Teig herauskommt. Den Quitten-Zucchini-Kuchen aus dem Ofen nehmen und 10–15 Minuten in der Form abkühlen lassen. Dann aus der Form nehmen und auf einem Küchenrost vollständig auskühlen lassen.

**TIPP:** *Veganer Ei-Ersatz für 1 Ei: 1 leicht gehäufter EL gemahlene Leinsamen mit 3 EL Wasser verrühren und ca. 5 Minuten quellen lassen.*

# Winterlicher Kürbis-Quitten-Kuchen

**FÜR 1 KUCHEN**

*Zubereitungszeit: 20 Minuten / Backzeit: 55–60 Minuten*

**ZUTATEN:** 85 g Walnüsse × 75 g getrocknete Aprikosen × 150 g Hokkaidokürbis × 100 g Quitten × 4 Eier × 150 g brauner Zucker × 4 EL Rum × 200 ml Sonnenblumenöl × 275 g Dinkelmehl Type 1050 × 1 TL Zimt × ¼ TL Kardamom × 1 Msp. Nelkenpulver × 2 TL Weinsteinbackpulver × 1 TL Natron × Puderzucker zum Bestäuben

1. Eine Springform (24 cm) mit Backpapier auslegen.
2. Die Walnüsse und die Aprikosen klein hacken. Den Kürbis und die Quitten gut abwaschen, dann entkernen und mit der Schale grob raspeln.
3. Den Backofen auf 180 °C Ober-/ Unterhitze vorheizen.
4. Die Eier mit dem Zucker, dem Rum und dem Öl mit dem Handrührgerät ca. 5 Minuten cremig schlagen.

↘ Fortsetzung Seite 60

5. Das Mehl mit den Gewürzen, dem Backpulver, dem Natron und den gehackten Walnüssen und Aprikosen mischen und unter die Öl-Mischung heben. Den Kürbis und die Quitten ebenfalls unter den Teig mischen und diesen in die Form füllen.
6. Den Kuchen auf der zweiten Schiene von unten 55–60 Minuten backen. Anschließend 20 Minuten in der Form abkühlen lassen und dann auf einem Gitter auskühlen lassen. Vor dem Servieren mit etwas Puderzucker bestäuben.

# Quitten-Shrub

**FÜR 500 ML**

*Zubereitungszeit: 20 Minuten | Ruhezeit: 3 Tage*

**ZUTATEN:** 345 g Quitten × 1 Grapefruit × 250 g Honig × 1 kleine Stange Zimt × ca. 150 ml Apfelessig

1. Die Quitten gut waschen, vierteln, das Kerngehäuse herausschneiden und die Früchte dann in kleine Würfel schneiden. Die Schale der Grapefruit abschneiden und das Fruchtfleisch in Stücke schneiden. Die Quitte und die Grapefruit in ein Schraubglas (500 ml) geben und die Früchte etwas zerdrücken. Dann den Honig und den Zimt dazugeben.
2. Ein Pergamentpapier zwischen Deckel und Glas einklemmen, damit der Deckel nicht korrodiert, und das Glas dann für 3 Tage in den Kühlschrank stellen. Jeden Tag das Glas ein- bis zweimal kräftig schütteln. Am dritten Tag den Fruchtsirup durch ein feines Sieb geben, in ein sauberes, verschließbares Glas oder eine Flasche füllen und mit Apfelessig auffüllen. Kühl lagern.
3. Zum Servieren 2–3 EL Shrub mit kohlensäurehaltigem Wasser verdünnen. Nach Belieben noch Eiswürfel hinzufügen.

**VERLAGSGRUPPE PATMOS**

**PATMOS**
**ESCHBACH**
**GRÜNEWALD**
**THORBECKE**
**SCHWABEN**
**VER SACRUM**

Die Verlagsgruppe
mit Sinn für das Leben

Klimaneutral
Druckprodukt
ClimatePartner.com/14549-2003-1001

Die Verlagsgruppe Patmos ist sich ihrer Verantwortung gegenüber unserer Umwelt bewusst. Wir folgen dem Prinzip der Nachhaltigkeit und streben den Einklang von wirtschaftlicher Entwicklung, sozialer Sicherheit und Erhaltung unserer natürlichen Lebensgrundlagen an. Näheres zur Nachhaltigkeitsstrategie der Verlagsgruppe Patmos auf unserer Website www.verlagsgruppe-patmos.de/nachhaltig-gut-leben


www.thorbecke.de

Gestaltung: Finken & Bumiller, Stuttgart
Umschlagabbildung:
Rezepte und Fotos: Kathrin Salzwedel und Ramin Madani
Einleitung: Jan Thorbecke Verlag
Druck: Finidr s.r.o., Český Těšín
Hergestellt in Tschechien
ISBN 978-3-7995-2039-3

»Begreifen«, schreibt Hannah Arendt in ihrem Hauptwerk *Elemente und Ursprünge totaler Herrschaft*, bedeute, »sich aufmerksam und unvoreingenommen der Wirklichkeit zu stellen, was immer sie ist oder war«. Zur Lebenswirklichkeit der 1906 geborenen Arendt gehörten Antisemitismus und Gestapo-Haft ebenso wie Flucht, Staatenlosigkeit und die Erfahrung, von der US-Regierung systematisch über den Vietnamkrieg belogen worden zu sein. 45 Jahre nach ihrem Tod gehören zu unserer Gegenwart die schrecklichen Zustände in Flüchtlingslagern auf Lesbos oder in Libyen, der Aufstieg autoritärer Bewegungen und ein US-Präsident, der selten die Wahrheit sagt.

»Liest man Hannah Arendt heute«, so Richard J. Bernstein, »überkommt einen ein fast schon unheimliches Gefühl zeitgenössischer Relevanz.« Bernstein, der Arendt als junger Professor noch selbst kennengelernt hat, bietet anhand zentraler Themen einen kompakten Überblick über das Denken der Theoretikerin und zeigt, inwiefern ihr Werk die heutigen finsteren Zeiten erhellen kann.

Richard J. Bernstein, geboren 1932, ist Professor für Philosophie an der New Yorker New School for Social Research, an der auch Hannah Arendt bis zu ihrem Tod im Jahr 1975 lehrte.

SV

# DENKERIN DER STUNDE

## ÜBER

# HANNAH ARENDT

RICHARD J. BERNSTEIN

Aus dem Englischen
von Andreas Wirthensohn

SUHRKAMP

Die englische Originalausgabe erschien 2018 unter dem Titel
*Why Read Hannah Arendt Now* bei Polity Press (Cambridge).

Bibliografische Information der Deutschen Nationalbibliothek
Die Deutsche Nationalbibliothek verzeichnet diese Publikation
in der Deutschen Nationalbibliografie;
detaillierte bibliografische Daten sind im Internet
über http://dnb.d-nb.de abrufbar.

2. Auflage 2021

Erste Auflage 2020

Umschlaggestaltung: Rothfos & Gabler, Hamburg
Satz: Satz-Offizin Hümmer GmbH, Waldbüttelbrunn
Druck: CPI books GmbH, Leck
ISBN 978-3-518-42944-0

# INHALT

*Für Jerry Kohn*

# EINLEITUNG

Als Hannah Arendt im Dezember 1975 starb, kannte man sie in erster Linie wegen der Kontroverse um ihren Bericht über den Prozess gegen Adolf Eichmann und wegen des Schlagworts von der »Banalität des Bösen«. In den Vereinigten Staaten und in Deutschland gab es einen Kreis von Bewunderern und Kritikern, die auch ihre anderen Schriften studiert hatten, doch sie galt nicht wirklich als bedeutende politische Denkerin. In den Jahren seit ihrem Tod hat sich dieses Bild grundlegend geändert. Ihre Bücher wurden in Dutzende Sprachen übersetzt. Überall auf der Welt interessieren sich Menschen leidenschaftlich für ihr Werk. Schier endlos scheint die Menge an Büchern, Konferenzen und Artikeln zu sein, die sich mit Hannah Arendt und ihren Ideen beschäftigen. In jüngerer Zeit gab es eine ganze Flut an Diskussionen über Arendt und Verweise auf sie in den sozialen Medien. Woher rührt dieses wachsende Interesse – und warum interessiert man sich gerade in letzter Zeit besonders für ihr Werk? Arendt war ausgesprochen empfindsam für einige der tiefgreifendsten Probleme, Wirrungen und gefährlichen Tendenzen im modernen politischen Leben. Viele davon sind keineswegs verschwunden, sondern haben sich im Gegenteil noch verstärkt und sind noch gefährlicher geworden. Wenn Arendt von »finsteren Zeiten« sprach, dann meinte sie damit nicht ausschließlich die Schrecken des Totalitarismus im 20. Jahrhundert. Sie schreibt:

> Falls es die Funktion des öffentlichen Bereichs ist, Licht auf die menschlichen Angelegenheiten zu werfen – durch Bereitstellung eines Erscheinungsraumes, in dem die Menschen mit Taten und Worten, zum Guten oder Schlechten, zeigen können, wer sie sind und was sie tun können –, so ist es dunkel, wenn dieses Licht gelöscht wird von »Glaubwürdigkeitslücken« und »unsichtbarer Herrschaft«, von einer Rede, die das, was ist, nicht offenlegt, sondern unter den Teppich kehrt, von moralischen und sonstigen Ermahnungen, die unter dem Vorwand, alte Wahrheiten hochzuhalten, jede Wahrheit in bedeutungslose Trivialität verwandeln.[1]

Man kann sich nur schwer der Schlussfolgerung verweigern, dass wir heute in finsteren Zeiten leben, die die ganze Welt verschlingen. Arendt behauptet jedoch auch, dass wir selbst in den finstersten Zeiten darauf hoffen können, irgendeinen Lichtschimmer zu entdecken – ein Licht, das weniger Theorien und Begriffen entspringt als vielmehr dem Leben und der Arbeit von Individuen. Ich möchte zeigen, dass Arendt für solche Erhellung sorgt, dass sie uns dabei hilft, einen kritischen Blick auf unsere gegenwärtigen politischen Probleme und Turbulenzen zu werfen. Sie ist eine scharfsinnige Kritikerin gefährlicher Entwicklungen im modernen Leben, und sie macht deutlich, welche Möglichkeiten es gibt, die Würde der Politik wiederherzustellen. Aus diesem Grund lohnt es sich, sie heute immer und immer wieder zu lesen.

Wer aber ist diese Hannah Arendt? Beginnen möchte ich mit einem kurzen Abriss einiger zentraler Stationen ihres Lebens, die ihr Denken prägten. Sie selbst fand Gefallen an Machiavellis Anrufung der Göttin Fortuna (die für das »Glück«, das »Schicksal« oder auch die »Kontingenz« steht). Das Schicksal kann es, wie wir wissen, gut oder schlecht meinen. Anders als ihr enger Freund Walter Benjamin, der immer vom Unglück verfolgt zu sein schien und schließlich Selbstmord beging, war Arendts Fortuna ihr in den entscheidenden Momenten des Lebens gewogen. Geboren 1906 in eine säkulare deutsch-jüdische Familie, wurde sie zu einer herausragenden Vertreterin einer begnadeten Generation deutsch-jüdischer Intellektueller. In den frühen zwanziger Jahren des 20. Jahrhunderts studierte sie bei den bedeutendsten Philosophen und Theologen Deutschlands, unter anderem bei Edmund Husserl, Martin Heidegger, Karl Jaspers und Rudolf Bultmann. Angesichts des bedrohlichen Aufstiegs der Nationalsozialisten und ihres rabiaten Antisemitismus entschloss sich Arendt dazu, ihren zionistischen Freunden zu helfen, indem sie die antisemitische Propaganda der Nazis eingehend erforschte. 1933 wurde sie festgenommen und acht Tage lang verhört. Sie weigerte sich, zu verraten, woran sie arbeitete, wurde schließlich aber wieder freigelassen. Das war außerordentliches Glück, denn wie wir wissen, wurden viele andere unter ähnlichen Umständen in den Kellern der Gestapo ermordet.

Daraufhin beschloss Arendt, Deutschland auf illegalem Wege zu verlassen. Sie emigrierte in die Tschechoslowakei und gelangte von dort nach Paris – Zufluchtsort für viele Juden, die vor den Nazis flohen. 18 Jahre lang war Arendt offiziell staatenlos, bis sie amerikanische Staatsbürgerin wurde. Das ist der Hauptgrund dafür, dass sie für die Not der Staatenlosen und den bedrängten Status von Flüchtlingen so sensibel war. Illegale deutsche Exilanten in Paris standen vor dem Problem, dass sie über keine offiziellen Papiere verfügten, die ihnen eine Arbeitserlaubnis verschafft hätten, weshalb viele ein extrem prekäres Leben führten. Arendt hatte das Glück, bei verschiedenen jüdischen und zionistischen Organisationen Beschäftigung zu finden, unter anderem bei der Jugend-Alijah – der Organisation, die gefährdete junge Juden aus Europa nach Palästina schickte. In Paris lernte sie Heinrich Blücher kennen, der einer nichtjüdischen deutschen Familie entstammte, am Spartakusaufstand teilgenommen hatte und Mitglied der Kommunistischen Partei Deutschlands gewesen war. 1940 heirateten sie. Im Mai 1940, kurz vor dem deutschen Einmarsch in Frankreich, ordneten die französischen Behörden an, alle »feindlichen Ausländer« zwischen 17 und 55 Jahren in Internierungslager zu stecken. Arendt kam nach Gurs, ein Lager im Süden Frankreichs nahe der spanischen Grenze. In einem längeren Artikel, den sie kurz nach ihrer Ankunft in New York verfasste, verwies sie ironisch auf einen neuen Menschentyp, der durch die Zeitgeschichte entstanden sei – »Menschen, die von ihren Feinden in Konzentrationsläger und von ihren Freunden in Internierungsläger gesteckt werden«.[2] Arendt gelang es, in der kurzen Zeit, als die Nazis Frankreich überfielen, aus dem Lager Gurs zu fliehen. Viele der Frauen, denen die Flucht nicht glückte, wurden schließlich auf Befehl von Adolf Eichmann nach Auschwitz deportiert. Während der Internierung war Arendt von ihrem Mann und ihrer Mutter getrennt worden. Sie hatte erneut Glück, denn es gelang ihr, sich wieder mit ihnen zu vereinen – erneut dank einer Reihe glücklicher Zufälle.

Nunmehr bestand die Herausforderung darin, als staatenloser, illegaler deutsch-jüdischer Flüchtling einen Weg aus Europa heraus zu finden. Arendt stand dabei vor einem doppelten Problem: Wie sollte sie an ein Visum für die USA kommen und wie sollte sie es von Frankreich aus nach Portugal schaffen, um von dort aus ein Schiff nach New York zu nehmen? Es gibt beklemmende Parallelen zwischen den kafkaesken Schwierigkeiten, die europäische Juden erlebten, und den horrenden Hindernissen, die muslimische

Flüchtlinge aus Syrien heute überwinden müssen, wenn sie auf legalem Wege in die USA gelangen wollen. In beiden Fällen schlugen bzw. schlagen diesen Flüchtlingen enormes Misstrauen und Feindseligkeit entgegen und sie haben mit äußerst strengen Visaregelungen zu kämpfen. Erneut hatte Fortuna ihre Hand im Spiel (es hat fast den Anschein, als sei Arendt von dieser Göttin beschützt worden). Hannah und Heinrich bekamen Visa über Varian Fry, den Leiter des Emergency Rescue Committee in Marseille. Sie entgingen der französischen Polizei, die nach ihnen suchte, und flohen aus Frankreich über Spanien nach Lissabon, wo sie drei Monate auf ein Schiff warteten, das sie in die Vereinigten Staaten brachte. Im Mai 1941 trafen Arendt und ihr Mann in New York ein, einen Monat später kam auch Hannahs Mutter dort an.

Rückblickend erkennen wir, wie viel Glück Arendt hatte, wie sehr zufällige Ereignisse den Unterschied zwischen Leben und Tod bedeuteten. Sie hätte während ihres Verhörs in Berlin umgebracht werden können. Es hätte sein können, dass ihr die Flucht aus Gurs nicht gelungen und sie letztendlich nach Auschwitz gebracht worden wäre. Es hätte sein können, dass sie kein Visum erhalten hätte und wie so viele Juden in Frankreich gestrandet und dann in ein deutsches Konzentrationslager deportiert worden wäre. Als Arendt in New York eintraf, war sie 35 Jahre alt und konnte kaum Englisch. Ihre Muttersprache war Deutsch, und sie hatte diese Sprache immer geliebt, insbesondere die deutsche Dichtung. Vor 1941 war sie noch nie in einem englischsprachigen Land gewesen. Trotzdem machte sich Arendt daran, die Sprache zu lernen. Unterstützt von Freunden, die ihr dabei halfen, ihre Texte auf Englisch zu verfassen, begann sie, Artikel in lokalen jüdischen Periodika zu veröffentlichen. Sie fand Arbeit bei jüdischen Organisationen, unter anderem bei der Commission on European Jewish Cultural Reconstruction, und sicherte sich einen Posten als Lektorin im Schocken-Verlag.

1944 schickte sie das Exposé für ein Buch, das sie schreiben wollte, an den Verlag Houghton Mifflin. Sie nannte es »Elemente der Schande. Antisemitismus – Imperialismus – Rassismus«. Die nächsten vier Jahre arbeitete sie intensiv an diesem Buch. Was thematische Bandbreite und Inhalt anging, änderte sie mehrfach ihre Meinung. Erst relativ spät während des Schreibprozesses beschloss sie, den Fokus zu wechseln und sich mit dem Totalitarismus zu befassen. 1951 erschien schließlich *The Origins of Totalitarianism*, ein Buch mit mehr als 500 eng bedruckten Seiten (die von Arendt überarbeitete und daher mit dem englischen Original nicht identische deutsche Ausgabe erschien 1955 unter dem Titel *Elemente und Ursprünge totaler Herrschaft*). In seiner endgültigen Form bestand das opulente Werk aus drei Hauptteilen: Antisemitismus, Imperialismus, totale Herrschaft. Es wurde denn auch sofort als wichtiger Beitrag zur Totalitarismusforschung anerkannt. Tatsächlich führt der Titel etwas in die Irre, denn man könnte annehmen, Arendt liefere eine historische Darstellung der Ursprünge und Ursachen des Totalitarismus im 20. Jahrhundert. Doch Arendt verfolgte ein ganz anderes Projekt. Sie wollte den disparaten »unterirdischen Strömungen« nachspüren, die sich in der fürchterlichen Originalität des Totalitarismus »kristallisierten«. Wie bei all ihren größeren Schriften war die Rezeption der *Elemente und Ursprünge* kontrovers – und ist es bis heute geblieben. Trotzdem etablierte sie sich mit diesem Buch als wichtige politische Denkerin. In den folgenden 25 Jahren veröffentlichte Arendt weitere provokative Bücher und Aufsatzsammlungen: *The Human Condition* (1958, dt. 1960 unter dem Titel *Vita activa oder Vom tätigen Leben*), *Rahel Varnhagen: The Life of a Jewess* (1958, dt. 1959 unter dem Titel *Rahel Varnhagen. Lebensgeschichte einer deutschen Jüdin aus der Romantik*), *Between Past and Future* (1961, dt. erst 1994 als erweiterte Aufsatzsammlung unter dem Titel *Zwischen Vergangenheit und Zukunft. Übungen im politischen Denken I*), *Eichmann in Jerusalem* (1963, dt. 1964), *On Revolution* (1963, dt. 1965 unter dem Titel *Über die Revolution*), *Men in Dark Times* (1968, dt. erst 1989 unter dem Titel *Menschen in finsteren Zeiten*), *On Violence* (1970, dt. im selben Jahr unter dem Titel *Macht und Gewalt*), *Crises of the Republic* (1971, dieser Band wurde in dieser Form nie ins Deutsche übertragen) sowie (posthum) *The Life of the Mind* (1978, dt. 1979 unter dem Titel *Vom Leben des Geistes*). Seit ihrem Tod wurden und werden weiterhin zahlreiche unveröffentlichte Manuskripte von ihr publiziert. Ich will hier keinen Überblick über ihr Werk geben, sondern mich auf zentrale Themen konzentrieren, die für die Probleme und Wirrungen, mit denen wir es heute zu tun haben, von Relevanz sind. Ich möchte zeigen, warum wir Hannah Arendt heute lesen sollten – inwiefern ihr Leben und ihr Werk die heutigen finsteren Zeiten erhellen können.

## STAATENLOSIGKEIT UND FLÜCHTLINGE

> Wie abstrakt unsere Theorien auch klingen oder wie überzeugend unsere Argumente erscheinen mögen: Ich habe immer geglaubt, daß dahinter Ereignisse und Geschichten stehen, die zumindest für uns die volle Bedeutung dessen, was wir da zu sagen haben, *in nuce* enthalten. Das Denken selbst – sofern es mehr ist als eine technische, logische Operation, die elektronische Maschinen weit besser ausführen können als das menschliche Gehirn – erwächst aus der Aktualität von Begebenheiten; Momente lebendiger Erfahrung müssen seine Anhaltspunkte bleiben, wenn es sich nicht verlieren soll in den Höhen, zu denen das Denken aufsteigt, oder in den Tiefen, in die es hinabsteigen muß.[3]

Diese Passage macht ein grundlegendes Merkmal von Hannah Arendt als politischer Denkerin deutlich. Sie war der

Ansicht, seriöses, ernsthaftes Denken müsse in der eigenen gelebten Erfahrung gründen. Arendts primäre Erfahrung in der Zeit, als sie aus Deutschland entkam, aus Frankreich floh und nach New York gelangte, war die eines staatenlosen deutsch-jüdischen Flüchtlings. Hätte Arendt keine Unterstützung von Flüchtlingsorganisationen bekommen, hätte sie kein Visum und keine finanzielle Unterstützung erhalten, um in die USA reisen zu können. Als sie in New York eintraf, wurde sie von Hilfsorganisationen in bescheidenem Maße dabei unterstützt, dort heimisch zu werden. Ihr ganzes Leben lang waren viele von Arendts engsten Freunden ebenfalls Flüchtlinge, die vor den Nazis geflohen waren. Ihre gelebte Erfahrung als staatenloser Flüchtling prägte ihr frühestes Denken in Paris und New York. Wie Arendt berichtet, war sie sich als Kind ihres Jüdischseins kaum bewusst. Doch in den zwanziger Jahren erfuhr sie die Bösartigkeit des nationalsozialistischen Antisemitismus am eigenen Leib. In einem Fernsehgespräch mit Günter Gaus, in dem sie über diese Zeit in ihrem Leben sprach, sagte sie: »Ich gelangte zu einer Erkenntnis, die ich damals immer wieder in einem Satz ausgedrückt habe, darauf besinne ich mich: ›Wenn man als Jude angegriffen ist, muß man sich als Jude verteidigen.‹ Nicht als Deutscher oder als Bürger der Welt oder der Menschenrechte oder so.«[4]

In den dreißiger und vierziger Jahren beschäftigten sich ihre Schriften überwiegend mit der Judenfrage und dem Zionismus. Sie wurde regelmäßige Kolumnistin der deutsch-jüdischen Zeitung *Aufbau*, die in New York erschien und vor allem von anderen deutsch-jüdischen Exilanten gelesen wurde. Mit Feuereifer plädierte sie für die Schaffung einer internationalen jüdischen Armee, die Hitler bekämpfen sollte – und zwar noch bevor die USA in den Zweiten Weltkrieg eintraten. 1943, gerade einmal zwei Jahre nach ihrer Ankunft in New York, veröffentlichte sie in einer etwas entlegenen jüdischen Zeitschrift den Essay »We Refugees« (»Wir Flüchtlinge«). Sie schrieb über dieses Thema höchst kenntnisreich, witzig, ironisch und doch auch zutiefst melancholisch. Gleich zu Beginn des Artikels erklärt sie: »Vor allem mögen wir es nicht, wenn man uns ›Flüchtlinge‹ nennt. Wie selbst bezeichnen uns als ›Neuankömmlinge‹ oder ›Einwanderer‹.«[5] Einst sei ein Flüchtling jemand gewesen, der aufgrund irgendeiner Tat oder einer politischen Überzeugung gezwungen war, Zuflucht zu suchen. Das aber habe sich geändert, denn die meisten derjenigen, die flohen, hätten nicht einmal im Traum daran gedacht, radikale Ansichten zu vertreten. Arendt erklärt, sie seien nicht wegen irgendetwas, was sie gesagt oder getan hätten, zur Flucht gezwungen gewesen, sondern, weil die Nazis sie alle als Angehörige der jüdischen Rasse dazu verdammt hätten. »Mit uns hat sich die Bedeutung des Begriffs ›Flüchtling‹ gewandelt. Von nun an sind ›Flüchtlinge‹ Menschen, die das Pech hatten, mittellos in einem neuen Land anzukommen und auf die Hilfe der Flüchtlingskomitees angewiesen zu sein.«[6] Viele Flüchtlinge würden so tun, als seien sie optimistisch, und hofften, sich in einem neuen Land ein neues Leben aufbauen zu können. Arendt spottet über die Absurditäten des Bemühens, sich in einem neuen Land möglichst schnell anzupassen, und erzählt die Geschichte von einem deutschen Juden, der wie sie nach Frankreich geflohen war. Kaum dort angekommen, »gründete er einen dieser Anpassungsvereine, in welchen deutsche Juden sich wechselseitig versicherten, dass sie schon Franzosen seien. In seiner ersten Rede sagte er: ›Wir sind in Deutschland gute Deutsche gewesen, und deshalb werden wir in Frankreich gute Franzosen sein.‹ Das Publikum applaudierte begeistert, und keiner lachte; wir waren glücklich, dass wir gelernt hatten, unsere Loyalität unter Beweis zu stellen.«[7] Doch die traurige Wahrheit, so Arendt, sei, dass wir unser Zuhause, unseren Beruf und unsere Sprache verloren hätten. Wir haben viele Familienangehörige und Freunde verloren, die in Konzentrationslagern ermordet wurden. Wir bekamen den »freundlichen Rat«, zu vergessen und nicht über den vergangenen Schrecken zu reden. Niemand will etwas davon wissen. Doch dieser vermeintliche Optimismus hat etwas Oberflächliches und Falsches an sich. Ein solcher Optimismus kann sich leicht in sprachlosen Pessimismus verwandeln – und manche von uns haben irgendwann sogar den Gashahn aufgedreht und Selbstmord begangen.

Arendt wusste nur zu gut, dass sie über wenig populäre Fakten sprach. Sie hatte das Gefühl, dass sich hinter der Fassade optimistischer Heiterkeit ein fortwährender Kampf gegen die Verzweiflung und eine tiefe Irritation ob der eigenen Identität verbargen. Arendt war stets viel unabhängiger als viele ihrer Mitflüchtlinge, doch sie schrieb:

> Je weniger wir frei sind zu entscheiden, wer wir sind oder wie wir leben wollen, desto mehr versuchen wir, eine Fassade zu errichten, die Tatsachen zu kaschieren und in Rollen zu schlüpfen. Wir wurden aus Deutschland vertrieben, weil wir Juden sind. Doch kaum hatten wir die Grenze zu Frankreich passiert, da wurden wir zu »boches«. Man sagte uns sogar, wir müssten diese Bezeichnung akzeptieren, wenn wir wirklich Hitlers Rassentheorien bekämpfen wollten. Sieben Jahre lang spielten wir die lächerliche Rolle von Leuten, die versuchten, Franzosen zu sein – oder zumindest künftige Staatsbürger; aber bei Kriegsausbruch wurden wir trotzdem als »boches« interniert. Dabei waren in der Zwischenzeit die meisten von uns tatsächlich derart loyale Franzosen geworden, dass wir nicht einmal einen französischen Regierungserlass kritisieren konnten; folglich erklärten wir, dass unsere Internierung rechtens sei. Wir waren die ersten »prisonniers volontaires«, die die Geschichte je gesehen hat. Nach dem Einmarsch der Deutschen musste die französische Regierung nur den Firmennamen ändern; man hatte uns eingesperrt, weil wir Deutsche waren, jetzt ließ man uns nicht frei, weil wir Juden waren.[8]

Eindringlich beschreibt Arendt das sorgenvolle Schicksal jüdischer Flüchtlinge, die von einem Land ins nächste getrieben wurden, doch ihr ging es um ein tiefer liegendes

Problem. Sie wollte das Phänomen der Massen staatenloser Menschen und Flüchtlinge verstehen, von dem Europa seit dem Ersten Weltkrieg heimgesucht worden war. Und so beschließt sie »Wir Flüchtlinge« mit einer allgemeineren These zu den politischen Folgen dieses neuen Massenphänomens. »Die von einem Land ins andere vertriebenen Flüchtlinge repräsentieren heute die Avantgarde ihrer Völker – vorausgesetzt, dass sie ihre Identität behalten. Zum ersten Mal gibt es keine separate jüdische Geschichte mehr, sondern die jüdische Geschichte ist verknüpft mit der Geschichte aller anderen Nationen. Die Gemeinschaft der europäischen Völker zerbrach, als – und weil – sie den Ausschluss und die Verfolgung seines schwächsten Gliedes duldete.«[9]

Der Essay »Wir Flüchtlinge«, der auf Arendts persönlichen Erfahrungen mit ihren Mitflüchtlingen beruht, stellt grundlegende Fragen zu Staatenlosigkeit und Flüchtlingen. Noch unmittelbarer beschäftigt sie sich damit in einem bemerkenswerten Kapitel in *Elemente und Ursprünge totaler Herrschaft*, das den Titel »Der Niedergang des Nationalstaates und das Ende der Menschenrechte« trägt. Dort schreibt sie: »Staatenlosigkeit ist das neueste Phänomen, die Staatenlosen sind die neueste Menschengruppe der neueren Geschichte.«[10] Und weiter:

> Ihre Existenz lässt sich kaum nur auf einen einzigen Faktor zurückführen, aber wenn wir uns die verschiedenen Gruppen unter den Staatenlosen an-

> schauen, hat es den Anschein, als habe *jedes politische Ereignis seit dem Ende des Ersten Weltkriegs unausweichlich eine neue Kategorie an Menschen hinzugefügt, die außerhalb des Rechts standen*, während sich keine der Kategorien, ganz gleich wie sehr sich die ursprüngliche Konstellation verändert hatte, jemals wieder renormalisieren ließ.[11]

Als Arendt das schrieb, konnte sie natürlich nicht ahnen, wie relevant ihre Beobachtungen im zweiten Jahrzehnt des 21. Jahrhunderts sein würden. So gut wie jedes bedeutsame politische Ereignis der letzten hundert Jahre hat zu einer Vervielfachung an neuen Kategorien von Flüchtlingen geführt. Arendt konzentrierte sich in erster Linie auf europäische Flüchtlinge, doch heute ist dieses Phänomen ein globales. Was die Zunahme an Zahl und Kategorien von Flüchtlingen angeht, so scheint kein Ende in Sicht. Wir erleben heute (mit ein paar wenigen Ausnahmen) wachsenden Widerstand souveräner Nationen gegen die Aufnahme von Flüchtlingen. Millionen Menschen hausen in Flüchtlingslagern und haben wenig Hoffnung, in ihre Heimat zurückkehren zu können oder eine neue Heimat zu finden. Arendt warnte als eine der ersten großen politischen Denkerinnen davor, dass die stetig zunehmenden Kategorien und Zahlen staatenloser Personen und Flüchtlinge symptomatisch für die heutige Politik werden würden.

Als Beginn des Massenphänomens der Staatenlosigkeit gilt Arendt der Niedergang des Nationalstaats. Der Begriff wird heute in einem allgemeineren Sinne zur Bezeichnung souveräner Staaten verwendet, die ein abgegrenztes Territorium regieren, doch bei Arendt hat der Ausdruck deutlich konkretere Bedeutung. Der moderne Nationalstaat entstand Ende des 18. Jahrhunderts in Europa. Sorgsam unterscheidet sie zwischen »Nation« und »Staat«. »Nation« bezieht sich auf die dominante Gruppe mit ihrer Kultur, Sprache und gemeinsamen Geschichte, die auf einem abgegrenzten Territorium lebt. »Staat« hingegen meint den *rechtlichen* Status von Menschen, die auf einem bestimmten Territorium leben – und die als Bürger mit gesetzlich verbürgten Rechtsansprüchen gelten. Seit den Anfängen des modernen Nationalstaats herrschte ein Spannungsverhältnis zwischen Nation und Staat. So ging es unter anderem um die Frage, welche Personen als »echte« Angehörige einer Nation gelten sollten – welche Personen, die auf einem bestimmten Gebiet lebten, sollten als Bürger mit Rechtsansprüchen betrachtet werden, welche sollten als Nicht-Bürger ausgeschlossen werden? Verschärft wurde dieses Problem durch die sogenannten Minderheitenverträge, die nach dem Ersten Weltkrieg geschlossen wurden. Sie waren dazu gedacht, die Minderheiten, die in den eben erst entstandenen Nationalstaaten Mittel- und Osteuropas lebten, zu schützen. Tatsächlich aber formulierten diese Verträge explizit, was zunehmend deutlich werden sollte, »nämlich daß Staatsbürgerschaft und nationale Zugehörigkeit nicht zu trennen sind, daß nur die nationale Abstammung den Gesetzesschutz wirklich garantiert und daß Gruppen einer anderen

Nationalität nur durch Ausnahmerecht zu schützen sind, solange sie nicht völlig assimiliert sind und ihre volksmäßige Abstammung vergessen ist«.[12] Arendt zeigt die Scheinheiligkeit und das Scheitern der Minderheitenverträge. Es gab schlicht keinen wirksamen internationalen oder staatlichen Mechanismus, um die Rechte von Minderheiten zu schützen. Die praktische Folge dieser Verträge war, dass neue Kategorien staatenloser Menschen entstanden – Minderheiten, die vor Verfolgung in ihren »Heimatländern« flohen. Letztlich triumphierten Nation und Nationalismus über den Staat und den Schutz von Rechtsansprüchen. Die Gefahr dieser Entwicklung war von Anfang an in der Struktur des Nationalstaats angelegt. Wo die Einrichtung von Nationalstaaten mit der Etablierung verfassungsmäßiger Regierungen einherging, basierten sie auf Rechtsstaatlichkeit und nicht auf Willkürherrschaft und Despotismus. »Sobald das immer prekäre Gleichgewicht zwischen Nation und Staat, zwischen Volkswillen und Gesetz, zwischen nationalem Interesse und legalen Institutionen verlorenging zugunsten eines demagogisch verhetzbaren Volkswillens, einer immer chauvinistischer werdenden Nation und von Interessen, die oft nicht einmal mehr im wahren Interesse der Nation lagen, erfolgte die innere Zersetzung des Nationalstaates mit großer Geschwindigkeit.«[13] Auch hier zeigt sich wieder eine verblüffende Parallele zwischen dem prekären Gleichgewicht zwischen Nation und Staat, wie Arendt es beschreibt, und dem heutigen Aufkommen hässlicher Formen von Nationalismus. Rechte Parteien behaupten, nur wer »wirklich« zu einer Nationalkultur gehöre, verdiene vollständige Rechte. Nur »echte Franzosen«, »echte Polen«, »echte Ungarn« und »echte Amerikaner« genießen demnach den vollen rechtlichen Schutz des Staates.

Es gibt noch ein weiteres Stadium der Auflösung des Nationalstaats, das in totalitären Ländern dominant wurde, aber auch in nicht totalitären Ländern zu beobachten war. Dazu kam es, als in einem Nationalstaat geborene Menschen »entstaatlicht«, also ausgebürgert wurden. Das war das Schicksal der Juden in Deutschland lange vor der »Endlösung« der Vernichtung. Sobald Hitler an der Macht war, wurden alle möglichen Gesetze verabschiedet, die Juden (und andere »unerwünschte Minderheiten«) ihrer Rechtsansprüche beraubten. Souveräne Nationen haben in Sachen Zuwanderung, Einbürgerung und Vertreibung stets ein »absolutes« Recht für sich in Anspruch genommen. Die Denationalisierung war keineswegs ausschließlich ein systematisches Programm der Nationalsozialisten; es gab kaum ein Land in Europa, das nicht neue Gesetze erließ, welche es Nationen erlaubten, »unerwünschte« Bewohner loszuwerden oder auszuschließen. Viele Menschen geben an, sie seien schockiert ob der Ausbürgerungspolitik, wie sie von den Nazis betrieben wurde, doch heute setzen viele souveräne Staaten politische Maßnahmen um, die praktisch denselben Effekt haben. Rein rechtlich gesehen sind Kinder, die von illegal zugewanderten Eltern ins Land gebracht wurden, streng genommen keine US-Bürger. Wenn man jedoch die Regelung namens DACA – Deferred

Action for Childhood Arrivals (zu Deutsch etwa: Aufgeschobene Handlung bei Ankünften im Kindesalter) – beendet, die es diesen Kindern ermöglichte, in den Vereinigten Staaten aufzuwachsen, zur Schule zu gehen und zu arbeiten, und sie anschließend in Länder abschiebt, in denen sie nie gelebt haben, hat das praktisch gesehen dieselbe Wirkung wie eine Denationalisierung.

Liest man Hannah Arendt heute mit Blick auf die Spannungen zwischen Nation und Staat, auf die immer neuen Massen an Flüchtlingen, auf die Not der Flüchtlinge, die kein Land finden, welches sie aufnimmt, auf die rasant wachsenden Flüchtlings- und Internierungslager, so überkommt einen ein fast schon unheimliches Gefühl zeitgenössischer Relevanz. Natürlich sind Kategorien, Ursachen und Regionen, in denen sich Flüchtlinge befinden, heute andere. Doch wahr bleibt, dass politische Ereignisse immer mehr staatenlose Menschen und Flüchtlinge erzeugen. Flüchtlinge sind nach wie vor die Gruppe, die für die heutige Politik am symptomatischsten ist. Trotz des Zuwachses an internationalen Organisationen und NGOs, die sich um Geflüchtete und Menschenrechte kümmern, verteidigen souveräne Staaten vehement ihr »absolutes« Recht, darüber zu bestimmen, wen sie als Flüchtling aufnehmen und wen nicht; man bedient sich aller möglichen Vorwände, um Flüchtlinge fernzuhalten. Heute wird im Grunde das Konzept der Souveränität missbraucht: Es dient in erster Linie dazu, »unerwünschte« Flüchtlinge auszuschließen. Die einzige »Lösung« der gegenwärtigen Krise war bislang die

Einrichtung von immer mehr und immer größeren Flüchtlingslagern. Heute leben Millionen Menschen – weit mehr als zu der Zeit, da Arendt *Elemente und Ursprünge totaler Herrschaft* schrieb – in solchen Lagern und haben kaum Hoffnung, sie je verlassen zu können. Die Lager sind das einzige »Land«, das die Welt denen anzubieten hat, die vor Kriegswirren, Verfolgung und dem Elend von extremer Armut und Hunger fliehen. Kurz: So gut wie all die Probleme, die Arendt mit Blick auf Staatenlosigkeit und Flüchtlingskrise thematisiert, plagen uns weiterhin – ja, sie haben sich sogar noch verstärkt und verschärft.

## DAS RECHT, RECHTE ZU HABEN

Der Status des staatenlosen Flüchtlings wirft die schwierige Frage der sogenannten Rechte des Menschen auf, der unveräußerlichen Rechte und der Menschenrechte. Arendt befasst sich in diesem Zusammenhang vor allem mit den Aporien, weil sie herausfinden möchte, über welche Fragen wir *nachdenken* müssen. Sie hatte das Gefühl, die meisten Menschen wollten gar nicht wirklich nachdenken – sie wollten schwierige politische Fragen lieber ignorieren oder sie mit Hilfe von Klischees übertünchen und beiseiteschieben. Arendt verweist auf unangenehme Aporien schon bei der Idee der Menschenrechte. Die französische Erklärung der Menschenrechte und die amerikanische Proklamation »unveräußerlicher« Rechte, die beide Ende des 18. Jahrhunderts verkündet wurden, stellten wichtige positive Wendepunkte in der Geschichte dar. Sie besagten »nicht mehr und nicht weniger, als daß von nun an der Mensch als solcher, und weder die Gebote Gottes noch die des Naturrechts, noch die Gebräuche und Sitten der durch Tradition geheiligten Vergangenheit, den Maßstab dafür abgeben sollen, was recht und was unrecht sei«.[14]

> Da die Menschenrechte als unabdingbar und unveräußerlich proklamiert wurden, so daß ihre Gültigkeit sich auf kein anderes Gesetz oder Recht berufen konnte, sie vielmehr axiomatisch allen anderen zugrunde gelegt werden sollten, bedurfte es anscheinend auch keiner Autorität, um sie zu etablieren. Der Mensch als solcher war ihre Quelle wie ihr eigentliches Ziel. Da alle anderen Gesetze angeblich von ihnen abgeleitet werden konnten und auf ihnen beruhten, wäre es paradox gewesen, ein besonderes Gesetz für ihre Innehaltung zu schaffen. Wie das Volk der einzige anerkannte Souverän in allen Angelegenheiten öffentlichen Handelns geworden war, so der Mensch die einzige Autorität in allen Fragen von Recht und Unrecht.[15]

Die Verkündung »unveräußerlicher Rechte« war insofern paradox, als diese Rechte einem abstrakten Wesen (dem Menschen) zugeschrieben wurden, das mit tatsächlichen historischen, konkreten Individuen nichts zu tun hatte. Weder die Franzosen noch die Amerikaner wollten diese Rechte allen Menschen zugestehen – nicht einmal allen Menschen, die auf ihrem jeweiligen Territorium lebten. Trotz aller hehren Proklamationen, wonach jeder Mensch von Natur aus Würde besitze, zeigte sich rasch, dass sich die Frage der Menschenrechte mit der Frage nationaler Selbstbestimmung vermischte. Nur dann nämlich konnte es eine Regierung geben, die diese unveräußerlichen Rechte ihrer Bürger zu schützen imstande war. »Schließlich hatte man, wenn man von unveräußerlichen und unabdingbaren Menschenrechten sprach, gemeint, diese seien unabhängig von allen Regierungen und müßten von allen Regierungen in jedem Menschen respektiert werden. Nun stellte sich plötzlich heraus, daß in dem Augenblick, in dem Menschen sich nicht mehr des Schutzes einer Regierung erfreuen, keine Staatsbürgerrechte mehr genießen und daher auf das Minimum an Recht verwiesen sind, das ihnen angeblich eingeboren ist, es niemanden gab, der ihnen dies Recht garantieren konnte, und keine staatliche oder zwischenstaatliche Autorität bereit war, es zu beschützen.«[16] Aus der Sicht derjenigen, die ihre Rechtsansprüche und staatsbürgerlichen Rechte verloren, bedeutete der Verlust dieser Rechte letztlich den Verlust unveräußerlicher Rechte. Die Rechte des Menschen, die »mutmaßlich« universell und unveräußerlich sind, erwiesen sich – und erweisen sich noch immer – sogar in den Ländern als nicht durchsetzbar, deren Verfassung auf ihnen beruht. Das ist schon für sich genommen beunruhigend, doch es gibt noch ein weiteres Problem. Trotz aller Versuche von internationalen Organisationen wie den Vereinten Nationen, genauer zu spezifizieren, wie diese Menschenrechte aussehen, herrschen nach wie vor heftige Meinungsverschiedenheiten und einige Verwirrung darüber, was genau diese unveräußerlichen Menschenrechte sind. Die internationale Menschenrechtsbewegung hat sich seit Mitte des 20. Jahrhunderts enorm entwickelt. Heute gibt es viele internationale und nationale Organisationen, die sich mit den weit verbreiteten Menschenrechtsverletzungen befassen. Trotzdem bestehen, auf einer tiefer liegenden Ebene, die Probleme, die Arendt mit Blick auf die Gewährleistung und den Schutz unveräußerlicher Rechte ausmachte, bis heute fort.

Arendts leidenschaftliche Verschmelzung ihrer persönlichen Erfahrung als staatenlose deutsche Jüdin mit ihrem Nachdenken über die allgemeinere Bedeutung staatenloser Personen und Flüchtlinge zeigt sich besonders pointiert in ihrer prägnanten Schilderung der Not der Rechtlosen. »Der erste Verlust, den die Rechtlosen erlitten, war der Verlust der Heimat. Die Heimat verlieren heißt die Umwelt verlieren, in die man hineingeboren ist und innerhalb deren man sich einen Platz in der Welt geschaffen hat, der einem sowohl Stand wie Raum gibt. Solches Unglück ist in der Geschichte der Völker, die uns von vielen Wanderungen von Individuen und ganzen Volksgruppen berichtet, ein beinahe alltägliches Ereignis. Historisch beispiellos ist nicht der Verlust der Heimat, wohl aber die Unmöglichkeit, eine neue zu finden. Jählings gab es auf der Erde keinen Platz mehr, wohin Wanderer gehen konnten, ohne den schärfsten Einschränkungen unterworfen zu sein, kein Land, das sie assimilieren, kein Territorium, auf dem sie eine neue Gemeinschaft errichten konnten.«[17] Das war die Erfahrung der Mehrzahl europäischer Juden in der NS-Zeit. Heute jedoch wiederholt sich diese Erfahrung überall auf der Welt im Leben von Menschen, die den Kriegen, dem Morden und den Wirren in ihren Heimatländern zu entkommen versuchen. Man ergreift alle möglichen hinterlistigen Maßnahmen, um ihnen den Zutritt zu verwehren.

Der zweite Verlust der Rechtlosen ist der Verlust jeglichen staatlichen Schutzes. Auch das ist nicht beispiellos. Es gibt eine lange Tradition, Menschen Asyl zu gewähren, die verfolgt wurden und deren Leben in Gefahr ist, wenn sie zur Rückkehr in ihre Heimatländer gezwungen sind. Das Problem heute ist, dass selbst Länder, die noch Asyl gewähren, angesichts der schieren Zahl der Asylsuchenden völlig überfordert sind. Das Asyl war als Praxis für individuelle Ausnahmefälle gedacht, nicht aber für Massen an Flüchtlingen. Was Arendt über staatenlose Flüchtlinge in der NS-Zeit schrieb, gilt heute sogar noch stärker. Ob jemand gezwungen ist, sein Heimatland zu verlassen, hat wenig damit zu tun, was er getan oder gedacht hat. Das eigentliche Unglück der Rechtlosen besteht nicht einfach darin, dass sie ihre Heimat und jeglichen staatlichen Schutz verloren haben, sondern, dass sie überhaupt keiner Gemeinschaft mehr angehören. Arendt beschreibt die schaurige »Logik« dessen, was es heißt, Menschen ihrer Rechte zu berauben, wenn sie schildert, was im nationalsozialistischen Deutschland geschah:

Denn das Unglück des Rechtlosen liegt nicht darin, daß er des Rechtes auf Leben, auf Freiheit, auf Streben nach Glück, der Gleichheit vor dem Gesetz oder gar der Meinungsfreiheit beraubt ist; alle diese Formeln stehen deshalb in gar keiner Beziehung zu einer Situation, weil sie entworfen wurden, um Rechte innerhalb gegebener Gemeinschaften sicherzustellen. Die Rechtlosigkeit hingegen entspringt einzig der Tatsache, daß der von ihr Befallene zu keiner irgendwie gearteten Gemeinschaft gehört. Es ist sinnlos, Gleichheit vor dem Gesetz für den zu verlangen, für den es kein Gesetz gibt; kommt er erst einmal vor das Gesetz, etwa indem er ein im Gesetz vorgesehenes Verbrechen begeht, so wird er sich über Ungleichheit vor diesem Gesetz schwerlich beklagen können. Es ist sinnlos, für jemanden Freiheit zu verlangen, der gar nicht unterdrückt wird, ja, dessen Unglück man dadurch definieren könnte, daß niemand ihn auch nur zu unterdrücken wünscht. Seine Bewegungsfreiheit ist oft erheblich größer als die rechtmäßiger Einwohner eines Landes, in dem eine Diktatur herrscht, und das gleiche gilt von seiner Meinungsfreiheit, sofern er sich in einem Internierungslager eines demokratischen Landes befindet. Sein Recht auf Leben wird nur von totalitären Regimen bedroht, und auch dann erst im letzten Stadium eines langwierigen Prozesses, in dem er stufenweise in jene komplette Rechtlosigkeit gebracht wird,

> die ihn sicherer als alle unmittelbare Gewalt von der Welt der Lebenden scheidet. Die Nazis haben mit der ihnen eigenen Gründlichkeit im Falle der Juden einen solchen langwierigen Prozeß der Präparierung für die Ausrottung von Menschen aller Welt vordemonstriert; er begann mit der Erklärung, daß Juden Staatsbürger zweiter Klasse sind, ging über den Entzug der Staatsbürgerschaft auf dem Wege der Deportation in die Ghettos und Konzentrationslager, von wo sie nochmals, nun bereits als absolut Rechtlose, aller Welt öffentlich angeboten wurden, um zu sehen, ob sich einer fände, der sie reklamiere; erst als ihre »Überflüssigkeit« oder Standlosigkeit in der gesamten Menschenwelt als erwiesen gelten konnte, ging man dazu über, sie auszurotten. Mit anderen Worten, das Recht auf Leben wird erst in Frage gestellt, wenn die absolute Rechtlosigkeit – und das heißt, daß niemand sich bereit findet, Rechte für diese bestimmte Kategorie von Menschen zu garantieren – eine vollendete Tatsache ist.[18]

Arendt rührt hier an das, was an den stetig zunehmenden Massen von Flüchtlingen, die in Lagern leben, so beängstigend ist. Millionen Menschen werden heute so behandelt, als seien sie überflüssig. Zwar gehören totalitäre Regime wie das nationalsozialistische Deutschland und Stalins Sowjetunion der Vergangenheit an, doch wir sollten anerkennen, dass nur ein ganz schmaler Grat dazwischen verläuft, ob man Menschen aller Rechte oder ob man sie ihres Lebens beraubt. Die totalitäre »Lösung« der Überflüssigkeit verfolgt uns noch immer in einer Welt, in der Millionen Menschen wie Überflüssige behandelt werden.

> Der Verlust der Menschenrechte findet nicht dann statt, wenn dieses oder jenes Recht, das gewöhnlich unter die Menschenrechte gezählt wird, verlorengeht, sondern nur wenn der Mensch den Standort in der Welt verliert, durch den allein er überhaupt Rechte haben kann und der die Bedingung dafür bildet, daß seine Meinungen Gewicht haben und seine Handlungen von Belang sind. Etwas viel Grundlegenderes als die in der Staatsbürgerschaft gesicherte Freiheit und Gleichheit vor dem Gesetz also steht auf dem Spiel, wenn die Zugehörigkeit zu der Gemeinschaft, in die man hineingeboren ist, nicht mehr selbstverständlich und die Nichtzugehörigkeit zu ihr nicht mehr eine Sache der Wahl ist oder, wenn Menschen in die Situation gebracht werden, wo ihnen, falls sie sich nicht entschließen, Verbrecher zu werden, dauernd Dinge zustoßen, die ganz unabhängig davon sind, was sie tun oder unterlassen. Auch wo ihnen eine noch intakte Zivilisation das Leben sichert, sind sie, politisch gesprochen, lebende Leichname. […] Sie waren politisch (aber natürlich nicht personal) der Fähigkeit beraubt, Überzeugungen zu haben und zu handeln. Es stellte sich heraus,

> daß diese Fähigkeiten selbst nur funktionieren können, wenn sie durch ein Recht gesichert sind, von dessen Existenz diejenigen, welche die Menschenrechte proklamierten, offenbar noch nichts geahnt haben.[19]

Kurz: Obwohl die Rechte des Menschen und die Berufung auf unveräußerliche Rechte in der Französischen und in der Amerikanischen Revolution eine wichtige Rolle spielten, ist Arendt zutiefst misstrauisch, was die Berufung auf abstrakte Menschenrechte angeht – insofern es nämlich keine Institutionen gibt, die diese Rechte wirksam garantieren und schützen könnten. Arendt betont, das grundlegendste Recht sei das »Recht, Rechte zu haben«, und damit meint sie das Recht, irgendeiner Art von organisierter Gemeinschaft anzugehören, in der Rechte garantiert und geschützt sind. »Sie [die Insassen von Internierungs- und Konzentrationslagern] sind ein warnendes Exempel dafür, daß der Mensch alle sogenannten Menschenrechte einbüßen kann, daß er sogar in Sklaverei geraten kann, ohne seine wesentlich menschliche Qualität zu verlieren; diese Qualität, das, was macht, daß ein Mensch ein Mensch ist, und was die Philosophie des 18. Jahrhunderts die ›Menschenwürde‹ nannte, kann er nur verlieren, *wenn man ihn aus der Menschheit überhaupt, und das heißt konkret aus jeglicher politischen Gemeinschaft, entfernt.*«[20]

In diesen Passagen über das Recht, Rechte zu haben – das Recht, einer Gemeinschaft anzugehören, die Rechte garantiert und ihre Bürger beschützt, einer Gemeinschaft, in der jeder Einzelne seine Meinung zum Ausdruck bringen und gemeinsam mit seinen Mitmenschen kollektiv handeln kann –, erkennen wir die Ursprünge der zentralen Themen ihres politischen Denkens. Sie nimmt hier ihre Erkundung von Pluralität, Handeln, Sprechen, öffentlichem Raum, Ermächtigung und öffentlicher Freiheit vorweg – das Netz aus Begriffen und Konzepten, das die Form von Politik konstituiert, in welcher man sein Menschsein vollständig zum Ausdruck bringen kann. Immer und immer wieder kehrt sie zu der Frage zurück, was es bedeutet, in einer solchen politischen Gemeinschaft zu leben.

In *Elemente und Ursprünge totaler Herrschaft* kommt sie auf diese Themen zu sprechen, wenn sie die totale Herrschaft analysiert, nach der totalitäre Regime streben. Indem Arendt beim »Schrecken« des Totalitarismus »verweilte« und untersuchte, was genau in den Menschen totalitäre Regime zerstören wollen, entwickelte sie eine tiefe Wertschätzung für das, was für den Ausdruck unseres Menschseins erforderlich ist. Wenn Arendt nach der Bedeutung totaler Herrschaft fragt, stellt sie an den Anfang ihrer Analyse die Behauptung, dass die »Konzentrations- und Vernichtungslager dem totalen Herrschaftsapparat als Laboratorien [dienen], in denen experimentiert wird, ob der fundamentale Anspruch der totalitären Systeme, daß Menschen total beherrschbar sind, zutreffend ist«. Totalitäre Regime wollen die unendliche Vielfalt und Verschiedenheit der Menschen zerstören. »Die Lager dienen nicht nur der Ausrottung von Menschen und der Erniedrigung von Individuen, sondern auch dem ungeheuerlichen Experiment, unter wissenschaftlich exakten Bedingungen Spontaneität als menschliche Verhaltungsweise abzuschaffen und Menschen in ein Ding zu verwandeln, das unter gleichen Bedingungen sich immer gleich verhalten wird, also etwas, was selbst Tiere nicht sind.«[21] Arendt entwickelt ein Drei-Stufen-Modell der »Logik« totaler Herrschaft. Die erste Stufe auf dem Weg zu totaler Herrschaft besteht darin, die juristische Person im Menschen zu töten. Das geschieht, wenn Menschen ihre gesetzlich verbürgten Rechte aberkannt werden. Diese Politik betrieben die Nationalsozialisten lange vor der »Endlösung«. Die berüchtigten Nürnberger Gesetze beraubten Juden und andere »Unerwünschte« ihrer Rechte. In den Konzentrationslagern hatte niemand irgendwelche Rechte. Menschen die ihnen zustehenden Rechte zu nehmen ist freilich nur der Beginn der Logik totaler Herrschaft.

Der zweite Schritt bei der Präparierung lebender Leichname ist die Ermordung der moralischen Person. Diese erfolgt, wenn nicht einmal mehr Märtyrertum möglich ist. Seinen schrecklichsten Triumph feierte der totalitäre Terror, als selbst Gewissensentscheidungen unmöglich wurden.

> Wie ein Mensch entscheiden soll, der vor die Wahl gestellt wird, entweder seine Freunde zu verraten und damit zu ermorden oder seine Frau und Kinder, für die er ja in jedem Sinne verantwortlich ist, dem

> Tode preiszugeben, ist schlechthin nicht mehr auszumachen, vor allem dann nicht, wenn Selbstmord automatisch Mord an der eigenen Familie bedeutet. Die Alternative ist hier nicht mehr zwischen Gut und Böse, sondern zwischen Mord und Mord. Klarer wird die Situation noch an dem Beispiel, das Camus zitiert: von der Frau in Griechenland, der die Nazis die Wahl überließen, welches von ihren drei Kindern getötet werden solle.[22]

Doch selbst das ist noch nicht das Schlimmste. Es gibt noch einen dritten Schritt in dieser »Logik« totaler Herrschaft. Nach der Ermordung der juristischen Person und der Vernichtung der moralischen Person verhindert nur noch eines, dass Menschen zu lebenden Leichnamen werden, nämlich ihre Spontaneität und individuelle Unterschiedlichkeit. »Daß die Zerstörung der Individualität nach Ermordung der moralischen und Vernichtung der juristischen Person in nahezu allen Fällen gelingt, geht am klarsten aus dem Verhalten der Inhaftierten selbst hervor. [...] Denn die Zerstörung der Individualität ist identisch mit der Ertötung der Spontaneität, der Fähigkeit des Menschen, von sich aus etwas Neues zu beginnen, das aus Reaktionen zu Umwelt und Geschehnissen nicht erklärbar ist.«[23] Eigentliches Ziel des Totalitarismus ist es, Menschen als Menschen überflüssig zu machen. »Das eigentliche Ziel der totalitären Ideologie ist nicht die Umformung der äußeren Bedingungen menschlicher Existenz und nicht die revolutionäre Neuordnung der gesellschaftlichen Ordnung, sondern die Transformation der menschlichen Natur selbst, die, so wie sie ist, sich dauernd dem totalitären Prozeß entgegenstellt.«[24] Arendts Konzentration auf die Vernichtung menschlicher Spontaneität, Individualität und Pluralität – mit der Menschen systematisch in »lebende Leichname« verwandelt werden – lässt einen an die Gestalt des Muselmanns in den Vernichtungslagern denken. Bei Primo Levi findet sich eine eindrückliche Beschreibung dieses Phänomens, das er in Auschwitz erlebte:

> Ihr Leben ist kurz, doch ihre Zahl ist unendlich. Sie, die Muselmänner, die Verlorenen, sind der Nerv des Lagers: sie, die anonyme, die stets erneuerte und immer identische Masse schweigend marschierender und sich abschuftender Nichtmenschen, in denen der göttliche Funke erloschen ist und die schon zu ausgehöhlt sind, um wirklich zu leiden. Man zögert, sie als Lebende zu bezeichnen; man zögert, ihren Tod, vor dem sie nicht erschrecken, als Tod zu bezeichnen, weil sie zu müde sind, ihn zu fassen.
> Sie bevölkern meine Erinnerung mit ihrer Gegenwart ohne Antlitz; und könnte ich in einem einzigen Bild das ganze Leid unserer Zeit einschließen, würde ich dieses nehmen, das mir vertraut ist: Ein verhärmter Mann mit gebeugter Stirn und gekrümmten Schultern, von dessen Gesicht und Augen man nicht die Spur eines Gedankens zu lesen vermag.[25]

Zwar verwendete Arendt den Ausdruck »Muselmann« nicht, doch sie war der Meinung, dass diese »lebenden Leichname« eine beispiellose Form des absoluten oder radikal Bösen darstellten. Wir können auf nichts zurückgreifen, um dieses Phänomen zu verstehen, das uns mit seiner überwältigenden Wirklichkeit konfrontiert und alle Maßstäbe, die wir kennen, zunichtemacht. »Nur eines scheint sich hier abzuzeichnen; wir können immerhin feststellen, daß dieses radikal Böse im Zusammenhang eines Systems aufgetreten ist, in dem alle Menschen gleichermaßen überflüssig werden.«[26] Arendts Analyse der »Logik« totaler Herrschaft ist eng verknüpft mit ihrer Sorge, welche Folgen die Schaffung immer neuer Kategorien überflüssiger staatenloser Flüchtlinge hat. Sie schließt ihre Erörterung totaler Herrschaft mit einer Warnung – einer Warnung, die wir heute zutiefst beherzigen sollten.

> Die ungeheure Gefahr der totalitären Erfindungen, Menschen überflüssig zu machen, ist, daß in einem Zeitalter rapiden Bevölkerungszuwachses und ständigen Anwachsens der Bodenlosigkeit und Heimatlosigkeit überall dauernd Massen von Menschen im Sinne utilitaristischer Kategorien in der Tat »überflüssig« werden. Es ist, als ob alle entscheidenden politischen, gesellschaftlichen und wirtschaftlichen Tendenzen der Zeit in einer heimlichen Verschwörung mit den Institutionen sind, die dazu dienen könnten, Menschen wirklich als Überflüssige zu be-

> handeln und zu handhaben. [...] Ganz gleich wie lange die gegenwärtigen totalitären Systeme sich halten können – und der erstaunlich schnelle Untergang des »tausendjährigen Reiches« der Nazis ist ein Zeichen für die diesen Regimen innewohnende Instabilität –, steht zu befürchten, daß die Konzentrationslager und Gaskammern, welche zweifellos eine Art Patentlösung für alle Probleme von Überbevölkerung und »Überflüssigkeit« darstellen, nicht nur eine Warnung, sondern auch ein Beispiel bleiben werden.[27]

Der beklemmendste Satz in *Elemente und Ursprünge totaler Herrschaft* ist der letzte Satz des Abschnitts über totale Herrschaft: »So wie in der heutigen Welt totalitäre Tendenzen überall und nicht nur in totalitär regierten Ländern zu finden sind, so könnte diese zentrale Institution der totalen Herrschaft leicht den Sturz aller uns bekannten totalitären Regime überleben.«[28] Arendt, die stets darauf beharrte, Denken verlange klare Unterscheidungen, behauptet, der Totalitarismus sei eine beispiellose Bewegung und ein noch nicht dagewesenes Regime – und nicht zu verwechseln mit autoritären Regierungen, Diktatur oder Tyrannei. Kein anderes Regime in der Geschichte hat je ein vergleichbares Projekt systematischer totaler Herrschaft verfolgt mit dem Ziel, jeden menschlichen Rest von Individualität, Spontaneität und Pluralität zu tilgen. Kein anderes Regime hat versucht, Menschen in etwas Nicht-Menschliches zu verwandeln. In der Geschichte gab es schon immer Massaker und Völkermorde; doch das in Arendts Augen Besondere am Totalitarismus ist das systematische Bemühen, das Wesen des Menschen selbst zu verändern – zu zeigen, dass alles möglich ist. Der Totalitarismus als Regierungsform mag mit der Niederlage der Nazis und dem Zusammenbruch der Sowjetunion ein Ende gefunden haben, aber totalitäre Lösungen stellten – und stellen noch immer – eine starke Versuchung dar. Wir erleben das bei Genoziden und dem Einsatz (sowie der Rechtfertigung) von Folter seit dem Fall totalitärer Regime. Mit den immer weiter anwachsenden Massen an staatenlosen Menschen und Flüchtlingen überall auf der Welt, die behandelt werden, als seien sie überflüssig, sollten wir Arendts Warnung ernst nehmen, dass zwischen der Zerstörung des Rechts, Rechte zu haben, und der Vernichtung von Leben nur eine schmale, fragile Trennlinie verläuft.

## LOYALE OPPOSITION: ARENDTS KRITIK DES ZIONISMUS

Als Hannah Arendt 1933 aus Deutschland floh, war sie ganz besonders darüber enttäuscht, dass viele ihrer Freunde und Bekannten die Nationalsozialisten tolerierten oder sogar mit ihnen zusammenarbeiteten. »Gleichschaltung« war unter den Intellektuellen die Regel. Sie fand das abstoßend und fasste, als sie Deutschland verließ, den Entschluss, aktiv Widerstand gegen die Nazis zu leisten. Sie fragte sich, was sie als Jüdin tun konnte. »Aber jetzt war die Zugehörigkeit zum Judentum mein eigenes Problem geworden. Und mein eigenes Problem war politisch! Ich wollte in die praktische Arbeit und – ich wollte ausschließlich und nur in die jüdische Arbeit. Und in diesem Sinne habe ich mich dann in Frankreich orientiert.«[29] Arendt schloss sich nie einer zionistischen Partei an und dachte nie an eine Alija (eine Einwanderung bzw. »Rückkehr«) nach Palästina. Als sie in Paris lebte, arbeitete sie jedoch für die Jugend-Alija, eine

Organisation, die bedrohte junge Juden aus Europa nach Palästina schickte. 1935 begleitete sie sogar eine Gruppe solcher Jugendlicher dorthin. Der Grund für Arendts Zusammenarbeit mit den Zionisten war, dass diese, anders als jüdische Parvenus und Anpasser, politisch aktiv gegen Hitler und die Nazis kämpften. Arendts Affinität zum Zionismus war eher von Bernard Lazare als von bekannteren Zionisten wie Theodor Herzl oder Chaim Weizmann beeinflusst. Lazare war an der Berichterstattung über die Dreyfus-Affäre beteiligt gewesen und hatte den Offizier gegen erlogene Vorwürfe verteidigt. Lazare gehörte zu dem, was Arendt als die »verborgene Tradition« des jüdischen Parias bezeichnete – eine Tradition, zu der sie Heinrich Heine, Charlie Chaplin (der in Wirklichkeit kein Jude war, aber die jüdische Paria-Mentalität auf grotesk-komische Weise verkörperte), Bernard Lazare und Franz Kafka zählte. Das Besondere an Lazare war, dass er ein »bewusster Paria« war, ein Rebell, der glaubte, das jüdische Volk solle sich mit anderen unterdrückten Gruppen zusammentun, um gegen Ungerechtigkeit zu kämpfen.

> Bernard Lazare, der im Frankreich der Dreyfus-Zeit Gelegenheit fand, die Paria-Qualität als spezifisch für die Existenz des jüdischen Volkes zu entdecken, versuchte dies Heimatrecht zu realisieren in der Welt der europäischen Politik. Mit dem Begriff des »bewussten Paria«, der die Lage der emanzipierten Juden im Gegensatz zu dem unbewussten Paria-Da-

sein der nichtemanzipierten jüdischen Massen im Osten definierte, sollte der Jude als solcher zum Rebell werden, zum Vertreter eines unterdrückten Volkes, das seinen Freiheitskampf in Verbindung mit den nationalen und sozialen Freiheitskämpfen aller Unterdrückten Europas führt.[30]

Arendt selbst war ebenfalls ein solch »bewusster Paria« in der Tradition Lazares. Auch sie glaubte, man solle gemeinsam mit anderen für Gerechtigkeit und Freiheit kämpfen. Das ist der Hauptgrund für ihre ursprüngliche Entscheidung, mit den Zionisten zusammenzuarbeiten. Doch in den vierziger Jahren änderte sich die Lage. Als immer mehr grausame Details über den nationalsozialistischen Massenmord an den Juden ans Licht kamen, wuchs das internationale Mitgefühl angesichts der Not europäischer Juden. Gleichzeitig sahen sich die Briten, die vom Völkerbund das Mandat über Palästina erhalten hatten, mit Unruhen, Terror und Gewalt von Seiten der Juden wie der Araber konfrontiert. Sie wollten deshalb das Mandat unbedingt loswerden und raus aus Palästina. Die Zionisten sahen damit die Chance gekommen, einen Judenstaat zu gründen.

Was Arendt an den Proklamationen der Zionisten befremdete, war die Tatsache, dass sie die »Araberfrage« zunehmend ignorierten – also die Tatsache, dass die Menschen, die in Palästina lebten, mehrheitlich Araber und nicht Juden waren. Arendt zögerte nie, ihre Meinung so deutlich wie möglich zum Ausdruck zu bringen. Lautstark wandte sie sich gegen das Programm, das die Zionisten 1942 verabschiedet hatten und das vorschlug, dass die Juden in Palästina der Mehrheitsbevölkerung (den Arabern) Minderheitenrechte gewähren sollten. Ihrer Ansicht nach hatten die Zionisten seit fünfzig Jahren, seit der ersten zionistischen Alija nach Palästina, die explosive Frage der jüdisch-arabischen Beziehungen dort ignoriert, verschleiert und unterdrückt. Arendts schärfste Kritik des Zionismus wurde durch eine Resolution ausgelöst, die im Oktober 1944 auf einem Treffen amerikanischer Zionisten verabschiedet (und später von der Zionistischen Weltorganisation bestätigt) wurde. Diese Entschließung verlangte die Einrichtung eines »freien und demokratischen jüdischen Gemeinwesen[s], [... das] ganz Palästina umfassen soll, ungeteilt und ungeschmälert«.[31] Für Arendt war dies der Tropfen, der das Fass endgültig zum Überlaufen brachte. Es bedeutete einen entscheidenden Wendepunkt in der Geschichte des Zionismus, an dem gemäßigte Zionisten endgültig vor den extremistischeren Revisionisten kapitulierten.

Der Artikel, den sie daraufhin verfasste und in dem sie die Resolution verurteilte – »Zionism Reconsidered« (»Der Zionismus aus heutiger Sicht«) –, fiel schärfer aus als alles, was sie bis dahin über jüdische oder zionistische Fragen geschrieben hatte. Sie bot all ihre rhetorischen Fähigkeiten auf – Ironie, Sarkasmus, Spott und schonungslose Kritik. Entfacht wurde ihre Leidenschaft durch ihre Wut und ihre Enttäuschung über die extremsten Ideologen des Zionismus. Die Sprache ihres Artikels war so voller Empörung, dass sich die jüdische Intellektuellenzeitschrift *Commentary* weigerte, ihn zu veröffentlichen. Er erschien schließlich im *Menorah Journal.* Arendt wusste, dass sie mit ihrer Ansicht in der Minderheit war und dass ihre umstrittene Meinung von anderen niedergebrüllt wurde, aber das schreckte sie nicht. Sie wollte eine ehrliche, offene Diskussion arabisch-jüdischer Fragen zu einer Zeit, als die meisten Zionisten sich der Realität verweigerten. Eines ihrer Lieblingszitate, das sie häufig verwendete, wurde für sie zum Motto: »Victrix causa diis placuit, sed victa Catoni« (»Die siegreiche Sache gefiel den Göttern, aber die besiegte dem Cato«). Für Arendt bekam diese Sentenz eine ganz spezielle Bedeutung. Nicht nur gefiel die siegreiche Sache den Göttern, auch die Historiker – insbesondere die modernen Historiker – neigten in weit überwiegendem Ausmaß dazu, den »siegreichen« Sachen und Bewegungen in der Geschichte mehr Gewicht beizumessen. Hannah Arendt sah diese Einseitigkeit – dass Geschichte als Narrativ »fortschrittlicher« Siege betrachtet wird – höchst kritisch, ähnlich wie Walter Benjamin, der ihr Denken stark beeinflusst hatte.

Arendt wusste aus unmittelbarer Erfahrung, wie es war, eine abweichende Meinung zu äußern – der »loyalen Opposition« anzugehören – und dafür wegen Verrats zum Schweigen gebracht oder verurteilt zu werden. Wie Bernard Lazare wurde Arendt – lange vor der Eichmann-Kontroverse – zu einem Paria bei ihren eigenen Leuten. Sie war nicht nur ob der Hinwendung der Zionisten zu einem extremen Revisionismus irritiert, sondern auch durch den wachsenden Druck zu ideologischer Konformität. Bei ihrer Suche nach dem Sinn und der Würde von Politik machte sie deutlich, wie wichtig die öffentliche Erörterung widerstreitender Meinungen ist. Die Tendenz zu ideologischer Einmütigkeit – die Ersetzung unterschiedlicher Sichtweisen durch eine allen gemeinsame Welt mit der einen »Wahrheit« einer einzigen Ideologie – ist die unheilvollste Entwicklung in der heutigen Welt. »Perfektioniert« wurde sie von totalitären Bewegungen durch den Einsatz von Terrormethoden. In ihrem Artikel »To Save a Jewish Homeland« (»Zur Rettung der jüdischen Heimstätte ist es noch nicht zu spät«), verfasst nach dem Ausbruch von Feindseligkeiten zwischen Juden und Arabern, schrieb sie:

> Einhellige Meinungen sind eine bedrohliche Erscheinung und gehören zu den Kennzeichen unseres modernen Massenzeitalters. Sie zerstören das gesellschaftliche wie das persönliche Leben, das auf der Tatsache beruht, dass wir von Natur aus und von unseren Überzeugungen her verschieden sind. Denn dass wir unterschiedliche Ansichten vertreten und uns bewusst sind, dass andere Leute über dieselbe Sache anders denken als wir, bewahrt uns vor jener gottähnlichen Gewissheit, welche allen Auseinandersetzungen ein Ende bereitet und die gesellschaftlichen Verhältnisse auf die eines Ameisenhaufens reduziert. Jede Einhelligkeit in öffentlichen Meinungen tendiert dazu, Andersdenkende physisch zu be-

> seitigen, denn massenhafte Übereinstimmung ist nicht das Ergebnis einer Übereinkunft, sondern ein Ausdruck von Fanatismus und Hysterie. Im Gegensatz zur Übereinkunft bleibt eine vereinheitlichte Meinung nicht bei irgendwelchen genau definierten Zielen stehen, sondern breitet sich wie eine Infektion auf alle benachbarten Angelegenheiten aus.[32]

Wenn ich mich weiter unten eingehender mit Arendts positiver Konzeption von Politik und öffentlicher Freiheit befasse, werden wir sehen, wie zentral dieser Konflikt und die Diskussion über eine Vielzahl an Meinungen für ihr positives Politikverständnis sind. An dieser Stelle möchte ich vor allem darauf hinweisen, wie sehr ihr Nachdenken über Politik in der eigenen Erfahrung gründete, von der ideologischen Einmütigkeit der Zionisten abzuweichen.

Arendt plädierte für die Schaffung einer jüdischen »Heimstätte« in Palästina, nicht eines jüdischen Nationalstaats. Eine jüdische Heimstätte wäre ein Ort, wo jüdische Kultur wachsen und gedeihen könnte, ein Ort, wo Juden lernen würden, in Gemeinschaft mit den Arabern zu leben, wo alle Bürger gleiche Rechte hätten. Für die meisten Zionisten war das damals nicht nur ein absurder utopischer Vorschlag; es war ein Akt des Verrats. Für sie gab es keine Alternative zum zionistischen Traum von der Gründung eines jüdischen Nationalstaats. Arendt sah voraus, dass die Errichtung eines solchen jüdischen Staates den militanten Nationalismus bei Juden und Arabern gleichermaßen befeuern werde.

Am 29. November 1947 stimmte die Vollversammlung der kurz zuvor gegründeten Vereinten Nationen für die Teilung Palästinas. Das Problem, mit dem sich der alte Völkerbund herumgeschlagen hatte, beschäftigte auch die Vereinten Nationen. Es gab keine klaren Kriterien, wie sich eine solche Teilung vollziehen und umsetzen lassen sollte. Schon bald nach der UN-Resolution kam es zum Krieg zwischen palästinensischen Juden und ihren zahlreichen arabischen Feinden. Arendt kannte die lange Geschichte der Unruhen und der Gewalt zwischen Arabern und Juden in Palästina nur zu gut, doch 1948, als die Kämpfe noch in vollem Gange waren, schrieb sie: »Auch wenn die Idee der arabisch-jüdischen Zusammenarbeit nie in großem Maßstab verwirklicht wurde und wenn ihre Realisierung heute ferner scheint denn je, so handelt es sich doch dabei um keine idealistische Tagträumerei, sondern um die nüchterne Feststellung, dass ohne sie das ganze jüdische Unternehmen in Palästina zum Scheitern verurteilt ist.«[33] Arendt bekundete ihre Sympathie für Judah Magnes, den Präsidenten der Hebräischen Universität, der eine vorwiegend aus Intellektuellen (unter ihnen Martin Buber) bestehende kleine Partei namens Ihud (Einheit) anführte. Arendt teilte deren Vision von einem geeinten Land, in dem Juden und Araber zusammenleben. Selbst als der Krieg zwischen Juden und Arabern ausbrach und sein Ausgang noch offen war, wagte Arendt eine schaurige Prognose, was möglicherweise passieren werde, selbst wenn die Juden den Krieg für sich entschieden:

Und selbst wenn die Juden den Krieg gewinnen sollten, dann wären an dessen Ende die einzigartigen Chancen und die einzigartigen Errungenschaften des Zionismus in Palästina zerstört. Das Land, das dann entstünde, wäre etwas ganz anderes als der Traum der Weltjudenheit, der Zionisten wie der Nicht-Zionisten. Die »siegreichen« Juden würden, von einer vollkommen feindlichen arabischen Bevölkerung umgeben, abgeschlossen innerhalb ständig bedrohter Grenzen leben und derartig von physischer Selbstverteidigung in Anspruch genommen sein, dass alle anderen Interessen und Aktivitäten erstickt würden. Das Wachstum einer jüdischen Kultur würde nicht länger das Anliegen des ganzen Volkes sein; gesellschaftliche Experimente müssten als unpraktischer Luxus verworfen werden; politisches Denken würde sich auf Militärstrategie konzentrieren; die Wirtschaftsentwicklung wäre ausschließlich von Kriegsbedürfnissen diktiert. Und dies alles wäre das Schicksal einer nach wie vor sehr kleinen Nation, welche den feindlichen Nachbarn zahlenmäßig stark unterlegen bliebe – ganz unabhängig davon, wie viele Einwanderer sie noch absorbieren und wie weit sie ihre Grenzen ausdehnen könnte (ganz Palästina und Transjordanien lautet die wahnwitzige Forderung der Revisionisten).[34]

Was ließ sich angesichts dieser pessimistischen Aussichten in ihren Augen noch tun? Sie empfahl, die Vereinten Nationen sollten »in dieser beispiellosen Situation den Mut zu einem beispiellosen Schritt [aufbringen] und sich an jene jüdischen und arabischen Persönlichkeiten, die wegen ihres Rufes, aufrichtige Verfechter einer arabisch-jüdischen Zusammenarbeit zu sein, mit der Bitte [wenden], sie sollten einen Waffenstillstand aushandeln«.[35] Arendt empfahl keineswegs die Teilung Palästinas in zwei Nationalstaaten. Sie beharrte vielmehr unablässig darauf, der Nationalstaat (mit den ihm innewohnenden Spannungen zwischen Nation und Staat) stelle keine brauchbare Lösung dar.

Wie also lautete ihr Alternativvorschlag? Das war beileibe keine theoretische Frage mehr, sondern von ganz konkreter Dringlichkeit. Wir finden hier erste Umrisse von Arendts Alternative zum Nationalstaat – was sie später als Rätesystem bezeichnete. Unter ausdrücklichem Verweis auf die Vorschläge von Judah Magnes und Ihud schrieb sie:

> Der Alternativvorschlag eines föderativen Staates, der jüngst auch von Dr. Magnes gebilligt wurde, ist sehr viel realistischer; trotz des Umstands, dass in ihm die Errichtung einer gemeinsamen Regierung für zwei verschiedene Völker vorgesehen ist, vermeidet er die problematische Mehrheiten-Minderheiten-Konstellation, ein definitionsgemäß unlösbares Problem. Eine föderative Struktur müsste darüber hinaus auf jüdisch-arabische Gemeinderäte gegrün-

> det sein, was hieße, dass der jüdisch-arabische Konflikt auf der untersten und meistversprechenden Ebene, auf der Ebene persönlicher Nähe und Nachbarschaft, gelöst werden würde.[36]

Angesichts des hysterischen Klimas, das damals herrschte, wusste Arendt, dass ihr Vorschlag für einen föderativen Staat auf der Grundlage lokaler jüdisch-arabischer Räte von den Zionisten als »Dolchstoß« verunglimpft werden würde. Doch sie beharrte darauf, das sei die einzig »realistische« Möglichkeit, die Idee einer jüdischen Heimstätte zu retten. Entgegen der weitgehend einhelligen Meinung und Begeisterung jüdischer Gemeinden überall auf der Welt zugunsten der Gründung eines jüdischen Nationalstaats betrachtete Arendt sich als Angehörige der »loyalen Opposition«. Sie beschloss ihren Artikel über die Rettung der jüdischen Heimstätte damit, dass sie eine Reihe konkreter Bedingungen für eine realistische Lösung des arabisch-jüdischen Problems in Palästina formulierte. Ihr abschließender Vorschlag fasste ihre Idee eines föderativen Staates auf der Basis von Gemeinderäten zusammen: »Örtliche Selbstverwaltung und gemischte jüdisch-arabische Gemeinderäte in Stadt und Land, in kleinem Rahmen, aber doch so zahlreich wie möglich, sind die einzigen *realistischen* politischen Maßnahmen, die schließlich zur politischen Emanzipation Palästinas führen können. Es ist noch nicht zu spät.«[37]

Leider war es doch zu spät. Es gab keine bedeutsame

Gruppierung, die bereit gewesen wäre, Arendt ernst zu nehmen. Niemand wollte auf Arendt hören, wenn sie erklärte, es werde in der Region niemals Frieden geben, wenn Juden und Araber nicht direkt miteinander verhandeln und Kooperationsmöglichkeiten finden würden. Wie Cato musste sie feststellen, dass sie eine besiegte Sache verfocht. Trotz aller Veränderungen, die sich im Nahen Osten seit den vierziger Jahren vollzogen haben, sind ihre Beobachtungen und Warnungen heute von bemerkenswerter Relevanz. Sie hatte ein außerordentlich feines Gespür für die tiefsitzenden Probleme und ungelösten Fragen, die nach wie vor akut sind. Mit scharfem Blick erkannte sie die unheilvollen Gefahren einhelliger Meinung, die alle abweichenden Stimmen an den Rand drängen oder zum Schweigen bringen will. Sie warnte davor, dass Israel als jüdischer Nationalstaat weiter mit dem Problem der Rechte und der Staatszugehörigkeit der arabischen Bevölkerung zu kämpfen haben werde – ein Problem, das sich durch die Besetzung des Westjordanlands seit 1967 noch verschärft hat. Hält man sich die Geschichte der gescheiterten Versuche der vergangenen siebzig Jahre, den israelisch-palästinensischen Konflikt zu lösen, vor Augen, lässt sich nicht vorhersagen, was künftig passieren wird – insbesondere angesichts der allgemein unruhigen Lage in der Region. Eines aber sollte absolut klar sein. So etwas wie Frieden wird es im Nahen Osten nicht geben, solange man sich nicht darum bemüht, die Probleme, die Arendt so brillant benannt hat, ehrlich anzugehen.

## RASSISMUS UND RASSISTISCHE SEGREGATION

Ihr ganzes Leben lang war Arendt an hitzigen Kontroversen beteiligt. Wie auch immer man es bewerten mag, brachte sie ihre Ansichten so deutlich wie möglich zum Ausdruck, traf oftmals einen empfindlichen Nerv und zog scharfe Kritik auf sich. Sie war oft einfühlsam, konnte mitunter aber auch unsensibel sein und sich dessen schuldig machen, was sie als die schlimmste Sünde von Intellektuellen betrachtete – nämlich der Welt die eigenen Kategorien aufzuzwingen statt den Komplexitäten der Wirklichkeit gegenüber offen zu sein. In den fünfziger Jahren, kurz nach Erscheinen von *Vita activa*, als Arendt als öffentliche Intellektuelle größere Bekanntheit erlangte, löste sie eine heftige Kontroverse aus, als sie »Reflections on Little Rock« (»Little Rock«) veröffentlichte. 1954 hatte der Oberste Gerichtshof der USA in der wegweisenden Entscheidung des Falles Brown v. Board of Education of Topeka einstimmig verfügt, dass die rassistische Segregation an öffentlichen Schulen gegen den Vierzehnten Verfassungszusatz verstieß. Diese Entscheidung und die Umsetzung der Integration stießen überall in den Südstaaten auf vehementen Widerstand. Am 4. September 1957 machte sich Elizabeth Eckford, ein vierzehn Jahre altes schwarzes Mädchen, das nun das Recht hatte, die Central High School in Little Rock zu besuchen, zu ihrem ersten Schultag auf. Der Gouverneur von Arkansas hatte die Nationalgarde seines Bundesstaates angewiesen, ihr und anderen mit aufgepflanztem Bajonett den Zutritt zur Schule zu verwehren. Das Foto der würdevoll einherschreitenden Elizabeth, die von einem wütenden weißen Mob beschimpft und bedroht wird, erschien in Tageszeitungen überall auf der Welt. Es schockierte die Menschen und wurde zum Sinnbild für den tiefsitzenden Hass auf Schwarze in Amerika und ihre üble Diskriminierung. Kurz nach diesem Ereignis baten die Herausgeber des *Commentary* Arendt um einen Beitrag über Little Rock. Der Artikel, den sie ablieferte, wurde als dermaßen hetzerisch und beleidigend beurteilt, dass die Herausgeber zögerten, ihn ohne eine Replik des Sozialphilosophen Sidney Hook zu publizieren. Daraufhin zog Arendt den Text zurück, doch als der Widerstand gegen den gemeinsamen Schulbesuch von weißen und schwarzen Kindern anhielt, erklärte sie sich 1959 bereit, ihn, mit einer Vorbemerkung versehen, in der Zeitschrift *Dissent* zu veröffentlichen.

Mit Nachdruck wandte sich Arendt gegen eine von der Bundesregierung verordnete Integration öffentlicher Schulen. Mit Hilfe von Kategorien, die sie in *Vita activa* entwickelt hatte, unterschied sie streng zwischen dem Politischen, dem Sozialen und dem Privaten. Sie behauptete, gesellschaftliche Diskriminierung dürfe nicht mit politischen Mitteln abgeschafft werden. Wenn weiße Eltern ihre Kinder an Schulen schicken wollten, an denen nur weiße Kinder seien, so habe die Regierung kein Recht, sich hier einzumischen. »Die Regierung kann berechtigterweise keine Schritte gegen die gesellschaftliche Diskriminierung unternehmen, denn die Regierung kann nur im Namen der Gleichheit handeln – und das ist ein Prinzip, das im gesellschaftlichen Bereich keine Gültigkeit besitzt.« Darüber hinaus freilich gelte: »Während die Regierung kein Recht hat, sich in die Vorurteilsäußerungen und in die diskriminierenden Praktiken der Gesellschaft einzumischen, hat sie nicht nur das Recht, sondern die Pflicht zu gewährleisten, daß diese Praktiken nicht gesetzlich erzwungen werden.«[38] Sie suggerierte sogar, schwarze Eltern würden ihre Kinder missbrauchen, um politische Kämpfe unter Erwachsenen auszufechten. In ihren Augen war Bildung Privatsache, und die Regierung hatte sich (außer wenn es darum ging, die allgemeine staatliche Bildungspflicht sicherzustellen) nicht in elterliche Entscheidungen darüber einzumischen, wie sie ihre Kinder erziehen wollten. Und schließlich verteidigte sie ihre Vorstellung von spezifischen Rechten der Bundesstaaten, die auf der Idee einer Machtbalance zwischen Bundesregierung und den Regierungen der Einzelstaaten beruhte. Damals waren viele Politiker aus dem Süden der USA der Meinung, die Bundesregierung habe *überhaupt kein* Recht, sich in die Befugnisse der Bundesstaaten einzumischen, um die rassistische Segregation an öffentlichen Schulen *durchzusetzen*. Damit war Arendt jedenfalls nicht in der Lage, die katastrophalen Folgen einer feindseligen politischen, wirtschaftlichen und gesellschaftlichen Diskriminierung der Schwarzen in Amerika wirklich zu begreifen. Sie verstand zudem nicht, dass hier der Verweis auf die »Rechte des Einzelstaates« dazu missbraucht worden war, um alle möglichen schlimmen Diskriminierungspraktiken gegen Schwarze zu rechtfertigen.

Hatte Arendt sich einmal eine Meinung gebildet, rückte sie nur selten wieder davon ab, doch in diesem Fall räumte sie ihre Fehleinschätzung ein, als Ralph Ellison, der berühmte schwarze Schriftsteller, ihr vorwarf, sie würde die Erfahrung von Menschen nicht verstehen, »die ohne Anerkennung und wirklichen Status in einer Gesellschaft leben müssen, die aber in die Ideale dieser Gesellschaft verstrickt sind und versuchen, ihren Weg zu gehen, versuchen, ihre wahre Stellung und ihre rechtmäßige Position darin zu bestimmen«. Er hielt Arendt vor, sie würde das Ideal des Opfers bei den Schwarzen in den Südstaaten nicht verstehen. Das habe dazu geführt, »dass sie sich in ihren ›Überlegungen zu Little Rock‹, wo sie den schwarzen Eltern vorwarf, beim Kampf um integrierte Schulen ihre Kinder zu instrumentalisieren, ins Niemandsland verflog. Aber sie hat absolut keine Vorstellung von dem, was in den Köpfen der schwarzen Eltern vor sich geht, wenn sie ihre Kinder durch diese Reihen feindlicher Menschen schicken.«[39] Als Arendt

Ellisons Bemerkungen las, reagierte sie nicht abwehrend, sondern schrieb ihm einen Brief, in dem sie ihren Irrtum einräumte. »Es ist genau dieses Ideal des Opfers, das ich nicht verstanden hatte«; sie habe »das Element nackter Gewalt, elementarer, körperlicher Furcht in der Situation« nicht begriffen.[40]

Obwohl Arendt ihr Fehlurteil in der privaten Kommunikation mit Ellison einräumte, hält die scharfe Kritik an ihrem Essay zu den Geschehnissen in Little Rock bis heute an. So haben die Philosophinnen Danielle Allen und Kathryn Gines Arendts faktische Irrtümer und irrige Ansichten detailliert kritisiert.[41] In den meisten grundsätzlichen Punkten bin ich einer Meinung mit diesen Kritikerinnen. Ich glaube nicht, dass Arendt wirklich verstanden hat, wie tief die schlimme Diskriminierung der Schwarzen in Amerika reicht und welche politischen Folgen sie hat (nicht einmal wenn man ihre *eigene* Vorstellung von Politik zugrunde legt). Ich bin allerdings nicht der Ansicht, dass Arendt eine »weiße Suprematistin« oder eine »schwarzenfeindliche Rassistin« war – Bezeichnungen, mit denen ihre Ansichten häufig belegt wurden (allerdings nicht von Allen und Gines). Ich würde zudem behaupten: Wenn wir mit Arendt gegen Arendt denken, dann stoßen wir in ihren Schriften auf Möglichkeiten, dem heutigen Rassismus entgegenzutreten.

Wir müssen dazu vor allem ihre Gedanken über den Rassismus in ihren frühen Schriften verstehen, insbesondere in *Elemente und Ursprünge totaler Herrschaft*. Eine der zentralen Fragen, denen sich Arendt in diesem Werk widmet, ist der biologische Rassismus der Nationalsozialisten, der in die »Endlösung« der Judenvernichtung mündete. Auf der Suche nach den verborgenen Elementen, aus denen sich der Totalitarismus kristallisierte, richtet sie den Blick auf den Rassismus, der dem Imperialismus innewohnte. Arendt unterscheidet dabei zwischen Kolonialismus und Imperialismus. Sie schreibt: »[D]ie Ausrottung von Eingeborenenvölkern begleitete durch die Jahrhunderte die Besiedlung von Amerika, Australien und Afrika«. Doch etwas völlig anderes, viel Schlimmeres tauchte auf, als die Ideologie der Expansion um der Expansion willen zur beherrschenden Ideologie des Imperialismus wurde.[42] Arendt liefert eine schonungslose und beklemmende Schilderung der Massaker und Völkermorde, die im Zuge des »Wettlaufs um Afrika« stattfanden. Die Kolonialmächte taten nun nicht einmal mehr so, als wollten sie die unterworfenen afrikanischen Völker irgendwie regulatorisch verwalten. Der imperialistische Rassismus »rechtfertigte« das brutale administrative Massaker an Millionen Afrikanern als legitime Form der Außenpolitik. Dieser imperialistische, mörderische, ideologische Rassismus nahm die rassistische Ideologie der Nazis vorweg. Ihr ganzes Leben lang verurteilte Arendt jegliche rassistische Ideologie. Und selbst in *Macht und Gewalt*, wo sie erneut unüberlegte und anstößige Bemerkungen über Afroamerikaner fallen lässt, betont sie:

> Rassismus ist, im Unterschied zur Rasse selbst, keine tatsächliche Gegebenheit, sondern eine zur Ideologie entartete Meinung, und die Taten, zu denen er führt, sind keine bloßen Reflexe, sondern Willensakte, die sich logisch aus gewissen pseudowissenschaftlichen Theorien ergeben. Auch die Gewalt, die im Rassenkampf auftritt, ist also, obwohl immer mörderisch, nicht eigentlich »irrational«, wobei man allerdings unter Rassismus nicht irgendwelche vagen Vorurteile zu verstehen hat, sondern ein ausgebildetes ideologisches System.[43]

Obwohl Arendt um den gewaltsamen Charakter des Rassismus als ideologischem System im europäischen Kontext wusste, erfasste sie seine Relevanz für die Erfahrung der Schwarzen in Amerika nicht. So hatte sie gegen Diskriminierung im gesellschaftlichen Bereich nichts einzuwenden, sie war lediglich gegen deren rechtliche Erzwingung. Die rassistische Segregation beschreibt sie als soziales Phänomen, das es scharf vom eigentlich Politischen zu unterscheiden gelte. »Denn der entscheidende Punkt ist, wie erinnerlich, nicht, daß die Rassentrennung als tradierte gesellschaftliche Haltung verfassungswidrig wäre, sondern allein deren gesetzliche Erzwingung.«[44] Arendt, die für ihre sorgfältigen Unterscheidungen bekannt ist, charakterisiert Diskriminierung auf befremdlich blauäugige Weise. Sie *verwischt* nämlich den Unterschied zwischen wohlwollender Diskriminierung und ihrer bösartigen, ausschließenden, demütigenden Form, in der viele Schwarze sie erlebten. »Wenn ich als Jude meine Ferien nur in Gesellschaft von Juden verbringen möchte, dann kann ich mir nicht vorstellen, wie mich jemand begründet davon abhalten könnte; und ebenso sehe ich keinen Grund, weshalb nicht andere Urlaubsorte auf eine Klientel eingestellt sein sollten, die in den Ferien keine Juden sehen will.«[45]

Es ist jedoch höchst unsensibel, diese Art sozialer Diskriminierung (die im Übrigen so wohlmeinend gar nicht ist), bei der ich *frei* entscheide, mit wem ich meine Ferien verbringen will, mit der gewalttätigen Diskriminierung zu vergleichen, die Schwarze *erzwungenermaßen* in ihrem Alltag erlebten. Arendt bringt hier fälschlicherweise ihre Unterscheidungen zwischen dem Politischen, dem Sozialen und dem Privaten zur Anwendung. »Gesellschaft, das ist jenes sonderbare, irgendwie zwitterhafte Reich zwischen dem Politischen und dem Privaten, in welchem seit dem Beginn der Neuzeit die meisten Menschen den größeren Teil ihres Lebens verbringen.«[46]

Das Irritierende an Arendts mangelnder Feinfühligkeit ist, dass sich in ihren Schriften reichlich Ressourcen finden, mit denen sich ein deutlich empathischeres und nuancierteres Verständnis von Diskriminierung entwickeln ließe. Bei Analogien zwischen Juden und Schwarzen ist zwar stets Vorsicht geboten, aber Arendt hätte auf ihre eigene Erfahrung zurückgreifen können, als sie erklärte, wenn man als Jude angegriffen werde, müsse man sich als Jude verteidigen, nicht als Deutscher, nicht als Hüter der Menschenrechte.

Warum sollte das nicht genauso für Schwarze gelten, wenn sie eindeutig als Schwarze angegriffen werden? Arendt hätte aber auch erkennen können, dass ihre Vorstellung vom jüdischen Paria hier von Relevanz ist, der wie ein Aussätziger behandelt wird und wie Bernard Lazare zu einem »bewussten Rebellen« werden sollte – der glaubte, man müsse sich der Unterdrückung widersetzen und sie gemeinsam mit anderen bekämpfen. In ihrer Darstellung von Franz Kafka als jüdischem Paria beschreibt Arendt ganz wunderbar das grundlegende Dilemma sozialer Außenseiter, die nicht mehr verlangen, als wie Menschen und normale Mitglieder der menschlichen Gesellschaft behandelt zu werden: zu einem »Volk wie alle Völker« zu werden. Was sie über K. sagt, den Helden von Kafkas Roman *Das Schloss*, ließe sich auch über Schwarze und andere Minderheitengruppen sagen, die unter demütigender Diskriminierung zu leiden haben. »Es war nicht seine Schuld, dass diese Gesellschaft keine menschliche mehr war und dass der in sie verschlagene Mensch, wenn er guten Willens war, wie eine Ausnahme, wie ein ›Heiliger‹ – oder wie ein Irrsinniger – wirken musste.«[47] Tatsächlich hätte Arendt durchaus erkennen können, dass das Problem nicht einfach darin besteht, was Schwarze tun sollten und was nicht, sondern, dass es sich um ein Problem der weißen Mehrheitsgesellschaft handelt, in der sie leben. »Wenn ein Schwarzer in einer weißen Gemeinschaft als Schwarzer und als nichts sonst betrachtet wird, verliert er mit seinem Recht auf Gleichheit auch jene Handlungsfreiheit, die spezifisch menschlich ist, all seine

Taten werden nun als ›zwangsläufige‹ Folgen irgendwelcher ›Eigenschaften von Schwarzen‹ erklärt; er ist zum Exemplar einer Tierart namens Mensch geworden.«[48]

Arendts Argumentation in »Little Rock« lässt sich also mit gutem Grund kritisieren, doch blickt man von heute aus auf diesen Text, sollte man auch anerkennen, wie hellsichtig sie war. In den fünfziger Jahren gab es die große Hoffnung, die schulische Integration werde ein wichtiger Schritt bei der Lösung der *Negro question* in Amerika sein. Arendt hatte in dieser Hinsicht große Zweifel. Viele sind der Ansicht, die de facto bestehende Segregation in den heutigen Schulen sei genauso schlimm oder sogar noch schlimmer als 1957. Hannah Arendt selbst war skeptisch, ob Bürgerrechtsgesetze der Diskriminierung ein Ende machen würden, und glaubte, die USA hätten sich nie ehrlich mit dem »zum Ursprung der Vereinigten Staaten gehörenden Verbrechen« auseinandergesetzt, die Schwarzen und die Ureinwohner vom ursprünglichen *consensus universalis* der amerikanischen Republik ausgeschlossen zu haben. »Es gab nichts in der Verfassung oder in den Absichtserklärungen ihrer Urheber, was irgendwie als Einbeziehung der Sklavenbevölkerung in die ursprüngliche Übereinkunft hätte gedeutet werden können.«[49] Sie wurde damals verspottet wegen ihrer Behauptung, die Gesetze zur Mischehe, die es in 29 Bundesstaaten gab – Gesetze, die Eheschließungen und sexuelle Beziehungen zwischen Weißen und Schwarzen verboten –, seien ein viel eklatanterer Verstoß gegen die Verfassung als die rassistische Segregation an

Schulen. Erst 1967 erklärte der Oberste Gerichtshof diese Gesetze für verfassungswidrig. Arendt war ihrer Zeit auch voraus, als sie mit Entschiedenheit erklärte: »Das Recht zu heiraten, wen man will, ist ein elementares Menschenrecht.«[50] Ohne Arendts Fehleinschätzungen im Zusammenhang mit Little Rock beschönigen zu wollen, glaube ich doch, dass wir in ihren Schriften Ressourcen finden, um über den Rassismus nachzudenken und ihm entgegenzutreten, einem Rassismus, der in der heutigen Welt noch immer so weit verbreitet ist.

## DIE BANALITÄT DES BÖSEN

Als Arendts Bericht über den Eichmann-Prozess in Jerusalem 1963 zunächst als fünfteilige Artikelserie im *New Yorker* veröffentlicht wurde, wurde sie aufs Heftigste angegriffen. Man warf ihr vor, Eichmann zu entlasten, ihn sympathischer erscheinen zu lassen als seine jüdischen Opfer und die Juden zu beschuldigen, sie hätten an ihrer eigenen Vernichtung mitgewirkt. Viele waren empört über Arendts »ironischen« Stil. Einige warfen ihr vor, »herzlos« und »niederträchtig« zu sein. Das Schlagwort von der »Banalität des Bösen« schien die Vernichtung von Millionen Juden zu trivialisieren. Die Angriffe auf Arendt wurden persönlich. Man beschuldigte sie des jüdischen Selbsthasses, und es gab sogar Versuche, die Veröffentlichung ihres Buches zu verhindern. Einige ihrer ältesten und engsten Freunde brachen die Beziehung zu ihr ab. Liest man *Eichmann in Jerusalem* heute, mehr als fünfzig Jahre nach einem erstmaligen Erscheinen, ist die Intensität des Skandals, den das Buch auslöste, nur schwer zu verstehen. Viele von Arendts zentralen Thesen lassen sich ernsthaft kritisieren (was ja auch geschah). Ihre kurze Erörterung der Rolle der Judenräte sorgte zu Recht für reichlich Empörung. Diese Judenräte bestanden aus einflussreichen Juden, die von den Nazis ausgewählt wurden, um die jüdischen Gemeinden und Ghettos organisatorisch zu verwalten. Als der Vernichtungsprozess begann, wurden die Judenräte damit beauftragt, die von den Nationalsozialisten geforderten Quoten zu erfüllen. Arendts Urteil über die jüdische Führung fällt hart aus:

> Von Polen bis Holland und Frankreich, von Skandinavien bis zum Balkan gab es anerkannte jüdische Führer, und diese Führerschaft hat fast ohne Ausnahme auf die eine oder andere Weise, aus dem einen oder anderen Grund mit den Nazis zusammengearbeitet. Wäre das jüdische Volk wirklich unorganisiert und führerlos gewesen, so hätte die »Endlösung« ein furchtbares Chaos und ein unerhörtes Elend bedeutet, aber angesichts des komplizierten bürokratischen Apparats, der für das »Auskämmen« von Westen nach Osten notwendig war, wäre das Resultat nur in den östlichen Gebieten, die ohnehin der Kompetenz der »Endlöser« nicht unterstanden, gleich schrecklich gewesen, und die Gesamtzahl der Opfer hätte schwerlich die Zahl von viereinhalb bis sechs Millionen Menschen erreicht.[51]

Das ist eine der empörendsten und unverantwortlichsten Behauptungen in Arendts Bericht. Sie lässt die Vielfalt an Verhaltensweisen dieser jüdischen Führer außer Acht, von denen einige lieber Selbstmord begingen, als Befehle der Nazis zu befolgen. Die Wahrheit ist, dass niemand mit Bestimmtheit sagen kann, wie viele Juden umgebracht worden wären, wenn es die Judenräte nicht gegeben hätte.

Doch bei aller berechtigten Kritik an Arendts Bericht besteht doch ein enormes Missverhältnis zwischen dem, was Arendt schrieb, und dem »Image« ihres Buches, das die Kritiker verurteilten. Der Vorwurf, Arendt habe Eichmann entlastet, ist völlig aus der Luft gegriffen. Sie betrachtete ihn als einen der »größten Verbrecher« der damaligen Zeit. Im Gegensatz zu vielen anderen, die die Legitimität des Gerichtsverfahrens in Zweifel zogen, verteidigte sie das Recht des israelischen Gerichts, Eichmann den Prozess zu machen, vehement. In ihrem Bericht spricht sie immer wieder davon, Eichmann sei für die von ihm begangenen Verbrechen voll verantwortlich. Zwar kritisierte sie das melodramatische Auftreten des Chefanklägers, doch den drei Richtern, die Eichmann verurteilten, zollte sie höchste Bewunderung. Deren Einschätzung hinsichtlich Eichmanns Verantwortung und Schuld teilte sie vollkommen: »Was das Urteil über diesen Punkt zu sagen hatte, war mehr als korrekt, es war die Wahrheit.«[52] Als das Gericht Eichmann schließlich zum Tode verurteilte, fand das Arendts Zustimmung. Wenn sie das Schlagwort von der »Banalität des Bösen« verwendete, propagierte sie damit keine Theorie über das Böse der Nationalsozialisten, sondern beschrieb, was ihr als Tatsache erschien. Eichmanns Taten waren ungeheuerlich, aber er war kein Ungeheuer. Er war banal und gewöhnlich, gefangen in seinen eigenen Klischees und Sprachregeln. Im Postskriptum zu *Eichmann in Jerusalem* (das in der deutschen Ausgabe zur »Vorrede« wurde) erklärte sie, was mit der »Banalität des Bösen« gemeint war:

> In diesem Sinne könnte ein echter Streit sich auch über den Untertitel des Buches erheben; denn in dem Bericht selbst kommt die mögliche Banalität des Bösen nur auf der Ebene des Tatsächlichen zur Sprache, als ein Phänomen, das zu übersehen unmöglich war. Eichmann war nicht Jago und nicht Macbeth, und nichts hätte ihm ferner gelegen, als mit Richard III. zu beschließen, »ein Bösewicht zu werden«. Außer einer ganz ungewöhnlichen Beflissenheit, alles zu tun, was seinem Fortkommen dienlich sein konnte, hatte er überhaupt keine Motive [...]. Er hat sich nur, um in der Alltagssprache zu bleiben, *niemals vorgestellt, was er eigentlich anstellte.* Es war genau das gleiche mangelnde Vorstellungsvermögen, das es ihm ermöglichte, viele Monate hindurch einem deutschen Juden im Polizeiverhör gegenüberzusitzen, ihm sein Herz auszuschütten und ihm wieder und wieder zu erklären, wie es kam, daß er es in der SS nur bis zum Obersturmbannführer gebracht hat und daß es nicht an ihm gelegen ha-

be, daß er nicht vorankam. [...] [E]r war nicht dumm. Es war gewissermaßen schiere Gedankenlosigkeit – etwas, was mit Dummheit keineswegs identisch ist –, die ihn dafür prädisponierte, zu einem der größten Verbrecher jener Zeit zu werden.[53]

Wenn Arendt davon spricht, Eichmann habe sich »niemals vorgestellt, was er eigentlich anstellte«, so meint sie damit nicht, dass er blind gehandelt habe. Er hat die Deportation der Juden in die Konzentrations- und Vernichtungslager meisterhaft organisiert. Doch ihm fehlte die Vorstellungskraft, die Dinge aus der Perspektive seiner Opfer zu sehen. Ihm fehlte, was Kant als »erweiterte Denkungsart« bezeichnet hatte. In einer Vorlesung, die Arendt 1970 an der New School for Social Research hielt, beschäftigte sie sich erneut mit der Banalität des Bösen und führte ihre Argumentation aus *Eichmann in Jerusalem* weiter aus:

> Als ich vor einigen Jahren über den Jerusalemer Prozeß gegen Eichmann berichtete, sprach ich von »der Banalität des Bösen«, und dabei schwebte mir keine Theorie oder Lehre vor, sondern ich dachte an etwas durchaus Tatsächliches, das Phänomen nämlich von bösen Taten gigantischen Ausmaßes, welche, auf seiten eines Täters, dessen einzige persönliche Auffälligkeit eine vielleicht außergewöhnliche Oberflächlichkeit war, zu keiner besonderen Art von Sündhaftigkeit, pathologischem Befund oder ideologischer

> Überzeugung zurückverfolgt werden konnten. Wie monströs die Taten auch immer waren, der Täter war weder monströs noch dämonisch, und das einzige unverkennbare Kennzeichen, das man in seiner Vergangenheit ebenso wie in seinem Verhalten während des Prozesses und der vorausgehenden polizeilichen Untersuchung entdecken konnte, war etwas vollkommen Negatives: nicht Dummheit, sondern eine merkwürdige, durchaus authentische Unfähigkeit zu denken. In der Rolle des prominenten Kriegsverbrechers funktionierte er ebenso wie zuvor unter dem Nazi-Regime; es bereitete ihm nicht die geringste Schwierigkeit, völlig andere Regeln zu akzeptieren. Er wußte, daß das, was er einst als seine Pflicht angesehen hatte, nun als Verbrechen bezeichnet wurde, und er akzeptierte diesen neuen Kodex der Beurteilung, als handele es sich um nichts anderes als eine andere Sprachregel.[54]

Seit der Veröffentlichung von *Eichmann in Jerusalem* wird breit darüber diskutiert, wie zutreffend Arendts Darstellung von Eichmann ist. Meiner Ansicht nach ist sie nicht besonders zutreffend. Wir wissen heute viel mehr über Eichmanns Vergangenheit in Deutschland sowie über sein Leben in Argentinien, wo er nach seiner Flucht aus Deutschland untergetaucht war. In Argentinien pflegte er engen Kontakt zu anderen ehemaligen Nazis und brüstete sich mit seiner Rolle bei der »Endlösung« (er übertrieb seine eigene Bedeutung dabei sogar). Ich stimme der Einschätzung des renommierten Holocaustforschers Christopher Browning zu, der schreibt: »Ich betrachte Arendts Begriff von der ›Banalität des Bösen‹ als äußerst wichtige Erkenntnis, um viele Täter des Holocaust zu verstehen, nicht aber Eichmann selbst. Arendt ließ sich von Eichmanns Strategie der Selbstdarstellung zum Teil gerade deshalb täuschen, weil es tatsächlich so viele Täter der Art gab, wie er einer zu sein vorgab.«[55]

Nun könnte man glauben, wenn Arendt sich in ihrer historischen »faktischen« Einschätzung von Eichmann geirrt hat – dass er vor dem Gericht in Jerusalem zwar banal und klischeebehaftet wirkte, tatsächlich aber deutlich fanatischer und in seinem Handeln viel stärker durch die NS-Ideologie motiviert war –, dann könnte die Sache damit erledigt sein. Dieser Ansicht bin ich nicht. Im Gegenteil, die Vorstellung von der Banalität des Bösen ist in mancher Hinsicht extrem wichtig und, richtig verstanden, von enormer Relevanz für uns Heutige. Dass ihr Schlagwort eine so starke Reaktion hervorrief, hat unter anderem damit zu tun, dass sie einen zutiefst eingefahrenen »Denkweg« hinsichtlich des Bösen in Frage stellte – einen, der psychologisch reizvoll ist und oft in vermeintlichen Krisenzeiten Dominanz gewinnt. Wir denken Gut und Böse gerne in absoluten Kategorien – als starre Dichotomie. Es gibt Helden, und es gibt Schurken. Es gibt schlimme Täter und es gibt unschuldige Opfer. Wenn jemand wie Eichmann »monströse« Taten begeht, dann *muss* er ein Monster sein oder etwas Dämonisches an sich haben. Er *muss* sadistische, monströse, antisemitische Absichten und Beweggründe haben – oder krank sein. Er *muss* wie die großen Schurken sein, die wir aus der Literatur, aber auch aus Filmen und der Populärkultur kennen. Diese Denkweise ist so tief verwurzelt, dass es extrem verstörend ist, wenn sie in Frage gestellt wird. Eichmann wurde vom Chefankläger Gideon Hausner mit Sicherheit als dämonische Person dargestellt. Eichmann war die Verkörperung des Antisemitismus, der bis zu den ägyptischen Pharaonen zurückreicht, und der Drahtzieher der »Endlösung« (was eindeutig falsch ist). Arendt lehnte auch die »Rädchentheorie« vehement ab – die Vorstellung, Eichmann sei nur ein Rädchen in einer riesigen bürokratischen Maschinerie gewesen. Wenn behauptet wird, jemand sei nur ein Rädchen oder ein Rad im Getriebe des Systems, muss man immer mit Blick auf Recht und Moral fragen: »Und warum bist du zu einem Rädchen geworden und warum funktionierst du weiter auf diese Weise?«

Arendt geht es vor allem darum, dass wir das Böse nicht mythologisieren sollten. Viele Jahre vor dem Eichmann-Prozess schrieb ihr Mentor und Freund Karl Jaspers ihr 1946 in einem Brief, ihre, Arendts, Auffassung sei ihm »nicht ganz geheuer, weil die Schuld, die alle kriminelle Schuld übersteigt, unvermeidlich ein Zug von ›Größe‹ – satanischer Größe – bekommt, die meinem Gefühl angesichts der Nazis so fern ist, wie das Reden vom ›Dämonischen‹ in Hitler u. dgl. Mir scheint, man muß, weil es wirklich so war, die Dinge in ihrer ganzen Banalität nehmen, ihrer ganz nüchternen Nichtigkeit – Bakterien können völkervernichtende Seuchen machen und bleiben doch nur Bakterien.«[56] Als siebzehn Jahre später Gershom Scholem die Vorstellung von der Banalität des Bösen kritisierte, antwortete Arendt ihm auf eine Weise, die an Jaspers' frühere Bemerkung erinnert: »Ich bin in der Tat heute der Meinung, daß das Böse immer nur extrem ist, aber niemals radikal, es hat keine Tiefe, auch keine Dämonie. Es kann die ganze Welt verwüsten, gerade weil es wie ein Pilz an der Oberfläche weiterwuchert. [Das Denken scheitert daran, wie gesagt, weil es etwas Tiefes sucht, bis an die Wurzel gehen will, und wenn es sich nun mit dem Bösen befasst, wird es enttäuscht, denn da ist nichts.]«[57] Die Vorstellung von der Banalität des Bösen ist auch heute noch relevant, denn wir müssen uns mit der Tatsache auseinandersetzen, dass man kein Monster sein muss, um schreckliche Verbrechen zu begehen. Wer behauptet, Menschen könnten aus ganz banalen Gründen schlimme Taten verüben, stellt sich der Wirklichkeit, in der wir heute leben: »Die traurige Wahrheit aber ist, daß die meisten bösen Taten von den Menschen getan werden, die sich niemals entschieden, ob sie nun böse oder gut sein wollten.«[58]

## WAHRHEIT, POLITIK UND LÜGE

Als sich die hitzige Kontroverse um die Veröffentlichung von *Eichmann in Jerusalem* verstärkte, drängte Arendts gute Freundin Mary McCarthy sie dazu, auf ihre Kritiker zu antworten. Arendt wollte davon zunächst nichts wissen, teilte Mary jedoch später mit, sie wolle einen Aufsatz über »Wahrheit und Politik« schreiben und sich darin mit Fragen befassen, die durch die Attacken aufgeworfen worden seien. Arendt war der Überzeugung, ein Großteil der Kritik an *Eichmann in Jerusalem* habe sich gegen ein »Bild« gerichtet, das ihre Kritiker gezeichnet hätten, nicht gegen das, was sie tatsächlich geschrieben hatte. Sie hatte das Gefühl, über ihren Bericht über den Eichmann-Prozess seien alle möglichen Lügen in Umlauf. Sie wollte deshalb ganz grundsätzliche Fragen über Lüge, Wahrheit und Politik aufwerfen. Arendt beginnt ihren Essay auf zupackende Weise:

> Niemand hat je bezweifelt, daß es um die Wahrheit in der Politik schlecht bestellt ist, niemand hat je die Wahrhaftigkeit zu den politischen Tugenden gerechnet. Lügen scheint zum Handwerk nicht nur der Demagogen, sondern auch des Politikers und sogar des Staatsmannes zu gehören. Ein bemerkenswerter und beunruhigender Tatbestand. Was bedeutet er für das Wesen und die Würde des politischen Bereichs einerseits, was für das Wesen und die Würde von Wahrheit und Wahrhaftigkeit andererseits? Sollte etwa Ohnmacht zum Wesen der Wahrheit gehören und Betrug im Wesen der Sache liegen, die wir Macht nennen?[59]

Die Geschichte des Konflikts zwischen Wahrheit und Politik ist lang und kompliziert. Arendt untergliedert ihre Darstellung in zwei Teile: Der erste beschäftigt sich mit der Frage der »Vernunftwahrheit«, der zweite – der für heutige Diskussionen von größerer Relevanz ist – widmet sich der »Tatsachenwahrheit«. Mit »Vernunftwahrheiten« meint Arendt etwa mathematische Wahrheiten wie 2 + 2 = 4 oder, noch wichtiger, die Art von Wahrheiten, von denen Platon behauptet, Philosophen würden sie besitzen, wenn sie über echte Erkenntnis ewiger Formen verfügten. »Tatsachenwahrheiten« sind immer insofern kontingent, als sie nicht notwendigerweise existieren. Ein zentrales Thema von Platons *Staat* ist der Konflikt zwischen Philosophie und Politik – zwischen philosophischer Wahrheit und politischer

Meinung. Weil Politik auf instabilen und widerstreitenden Meinungen (*doxai*) basiert, nicht auf echter Erkenntnis ewiger Formen bzw. Ideen, kann es den Anschein haben, als würden in »echter« Politik, in der Realpolitik Macht und Gewalt darüber bestimmen, was richtig und gerecht ist. Platons *Staat* lässt sich lesen als ausführliche Widerlegung dieser Vorstellung von Gerechtigkeit, die deutlich machen will, dass sich wahre Gerechtigkeit nur erreichen lässt, wenn sie den ewigen Standards rationaler Wahrheit entspricht, nach deren Erkenntnis Philosophen trachten. Der Konflikt zwischen Wahrheit und Meinung erwuchs aus zwei diametral entgegengesetzten Lebensweisen – dem Leben des Philosophen und dem Leben des Bürgers in einer Polis. Den sich stetig verändernden Meinungen des Bürgers über die menschlichen Angelegenheiten setzt der Philosoph die Vernunftwahrheit über das, was ewig währt, entgegen, eine Wahrheit, aus der sich Grundprinzipien ableiten lassen, welche den menschlichen Angelegenheiten Stabilität verleihen. »In diesem Zusammenhang wurde die Meinung als der eigentliche Gegensatz der Wahrheit etabliert und mit bloßer Illusion gleichgesetzt. Die eigentlich politische Schärfe des Konflikts liegt in dieser Entwertung der Meinung, insofern nicht Wahrheit, wohl aber Meinung zu den unerläßlichen Voraussetzungen aller politischen Macht gehört.«[60]

Spuren dieses ursprünglichen Konflikts finden sich noch in den Frühphasen der Moderne, doch heute ist der Konflikt zwischen Vernunftwahrheit und Meinung nicht das vorrangige Problem – obwohl es in den gegenwärtigen Attacken gegen wissenschaftliche Wahrheit Restbestände davon gibt. Die Vorstellung, Philosophen würden über eine besondere Art von Erkenntnis und Wahrheit verfügen, welche die Maßstäbe für die Politik setzt, wird allenfalls noch belächelt (darüber wurde aber auch schon im antiken Griechenland gespottet). Trotzdem lässt sich aus dem Konflikt zwischen Vernunftwahrheit und Meinung eine wichtige Lehre ziehen. Arendt behauptet, die Tradition der politischen Philosophie habe stets versucht, der Politik ihre Maßstäbe für Wahrheit aufzuzwingen. Die Erörterung von Meinungen (in Arendts spezifischem Sinne von Meinung) in einem öffentlichen Raum, der von einer Pluralität von Menschen geschaffen wird, ist der Wesenskern von Politik – oder vielmehr dessen, was Politik sein sollte. Kurz gesagt: Entgegen der philosophischen Tradition, Meinungen gering zu schätzen, preist Arendt den Meinungsstreit als konstitutiv für Leben und Würde der Politik. Wenn Arendt von Meinungen spricht, meint sie nicht das, was in Meinungsumfragen gemessen wird. Individuen »haben« nicht einfach Meinungen; sie *bilden* Meinungen im Zuge und mit Hilfe der öffentlichen Debatte.

> Eine Meinung bilde ich mir, indem ich eine bestimmte Sache von verschiedenen Gesichtspunkten aus betrachte, indem ich mir die Standpunkte der Abwesenden vergegenwärtige und sie so mit repräsentiere. […] Je mehr solcher Standorte ich in mei-

> nen Überlegungen in Rechnung stellen kann und je besser ich mir vorstellen kann, was ich denken und fühlen würde, wenn ich an der Stelle derer wäre, die dort stehen, desto besser ausgebildet ist dieses Vermögen der Einsicht [...] und desto qualifizierter wird schließlich das Ergebnis meiner Überlegungen, meine Meinung sein.[61]

Die Meinungsbildung ist keine private Handlung, die von solitären Einzelnen in Isolation vollzogen wird. Meinungen lassen sich nur überprüfen und erweitern, wo es zu *echten* Begegnungen differierender Meinungen kommt – ganz gleich, ob es sich dabei um tatsächliche oder nur um imaginäre Begegnungen handelt. Es gibt keinen feststehenden, dauerhaften Test für die Angemessenheit von Meinungen, keine andere Beurteilungsinstanz als die des besseren Arguments in der öffentlichen Debatte. Aus diesem Grund erfordert die Meinungsbildung eine Gemeinschaft von politisch Gleichen sowie die Bereitschaft, Meinungen preiszugeben und der Kritik auszusetzen. Auch in diesem Punkt lässt sich von Arendt etwas lernen, was heute von Relevanz ist. Es gibt heute die gefährliche Neigung, anderen, die anderer Meinung sind als wir, nicht zuhören zu wollen. Wir wollen andere Sichtweisen nicht wirklich in Erwägung ziehen, es sei denn, um sie zu verurteilen oder uns darüber lustig zu machen. Verschärft wird diese Neigung noch dadurch, dass wir unsere »Informationen« zunehmend aus Quellen beziehen, die unsere verfestigten Vorurteile lediglich bestärken. Arendt unterscheidet zudem scharf zwischen Meinungen und Gruppeninteressen.

> Seit Marx ist es üblich, Interesse und Meinung, über deren Relevanz für den politischen Bereich natürlich kein Zweifel besteht, so eng aneinander zu koppeln, daß die Meinung als eine Funktion des Interesses erscheint. In Wahrheit handelt es sich hier um zwei grundsätzlich voneinander geschiedene politische Phänomene. Interessen sind politisch nur als Gruppeninteressen von Bedeutung, und für ihre Bereinigung genügt es, wenn ihr partieller Charakter, Teile eines Ganzen zu sein, gewahrt wird, so daß keines dieser Gruppeninteressen je herrschend werden kann, auch nicht als das Interesse der Mehrheit. Meinungen dagegen können sinngemäß niemals die Meinungen von Gruppen, sondern immer nur von Einzelnen sein, sofern sie sich »ihrer Vernunft in Freiheit und ohne die Hitze der Leidenschaft«, welche das Interesse oder auch das bloße »Gefühl« entfacht, bedienen. Keine Menge, ob sie nun als Teilgruppe auftritt oder vorgibt, die Gesellschaft im ganzen zu vertreten, ist je fähig, sich eine Meinung zu bilden. Meinungen entstehen nur, wo Menschen frei miteinander Verkehr pflegen und das Recht haben, ihre Ansichten öffentlich kundzutun; und diese Ansichten in ihrer schier unendlichen Mannigfaltigkeit bedürfen in der Tat auf das dringendste einer Reinigung und einer Vertretung.[62]

Das Gegenteil von Vernunftwahrheit sind Unwissenheit und Irrtum, das Gegenteil der Tatsachenwahrheit hingegen ist das *bewusste Lügen*. Die Tatsachenwahrheit ist weit fragiler als die Vernunftwahrheit. Weil Fakten kontingent sind, weil sie nicht notwendigerweise wahr oder falsch sein müssen, ist es deutlich einfacher, Tatsachenwahrheiten zu leugnen und sie durch bewusstes Lügen zu beseitigen. Wenn eine Tatsachenwahrheit den Grundüberzeugungen von jemandem im Wege steht, löst das heftige feindselige Ablehnung aus. Fakten und Meinungen gilt es ebenfalls sorgfältig zu unterscheiden. Tatsachenwahrheit wird durch Zeugen und Zeugenschaft etabliert, und sie existiert nur insofern, als darüber gesprochen und geschrieben wird. Fakten sollten Meinungen bestimmen, auch wenn Meinungen sich deutlich unterscheiden können, selbst wenn sie Tatsachen berücksichtigen. »Meinungsfreiheit ist eine Farce, wenn die Information über die Tatsachen nicht garantiert ist.«[63] Eine der erfolgreichsten Methoden, Tatsachenwahrheiten zu leugnen, besteht unglücklicherweise darin, zu behaupten, eine sogenannte Tatsachenwahrheit sei nichts weiter als eine weitere Meinung. Diese Tendenz, die Unterscheidung zwischen Tatsachenwahrheit und Meinung zu verwischen, greift immer weiter um sich. Um den Unterschied zwischen Fakten und Meinungen deutlich zu machen, erzählt Arendt die Geschichte des französischen Politikers Georges Clemenceau, der einmal gefragt wurde, was künftige Historiker im Hinblick auf den Ersten Weltkrieg seiner Meinung nach über die Schuldfrage sagen würden.

»›Das weiß ich nicht‹, soll Clemenceau geantwortet haben, ›aber eine Sache ist sicher, sie werden nicht sagen: Belgien fiel in Deutschland ein.‹«[64] Doch selbst diese Antwort zeugt von einiger Naivität. Wir wissen aus dem Umschreiben von Geschichte, dass selbst so unmittelbare Tatsachen wie die Rolle Trotzkis in der Russischen Revolution verwischt oder getilgt werden können. Was früher ganz unverhohlen in totalitären Gesellschaften geschah, wird heute von führenden Politikern praktiziert. Es besteht kurz gesagt ständig die Gefahr, dass wirkungsvolle Überzeugungsmethoden dazu verwendet werden, Tatsachenwahrheiten zu leugnen, Fakten in bloße Meinungen zu verwandeln und eine Welt »alternativer Fakten« zu schaffen.

Arendt warnt vor einer noch größeren Gefahr: »Wo Tatsachen konsequent durch Lügen und Totalfiktionen ersetzt werden, stellt sich heraus, daß es einen Ersatz für die Wahrheit nicht gibt. Denn das Resultat ist keineswegs, daß die Lügen nun als wahr akzeptiert und die Wahrheit als Lüge diffamiert wird, sondern daß der menschliche Orientierungssinn im Bereich des Wirklichen, der ohne die Unterscheidung von Wahrheit und Unwahrheit nicht funktionieren kann, *vernichtet wird.*«[65] Arendt erkannte scharfsinnig etwas, was wir heute erleben. Selbst die Grundkategorien von wahr und falsch, von Fakten und Lügen sind gerade dabei, sich aufzulösen. In der Folge eröffnen sich für die Lüge grenzenlose Möglichkeiten, die zudem häufig auf nur wenig Widerstand stoßen. Üblicherweise wurden politische Lügen ganz bewusst zu Täuschungszwecken verwendet. Das setzt freilich noch immer eine Unterscheidung zwischen Lüge und Tatsachenwahrheit voraus. Doch Arendt weist darauf hin, dass der Täuschende am Ende möglicherweise seine eigenen Lügen glaubt. Sie zeigt, wie schwierig es sein kann, andere zu belügen, ohne nicht irgendwann die eigenen Lügen zu glauben. Zur Veranschaulichung erzählt sie eine mittelalterliche Anekdote über das, was eines Nachts geschah, als eine Schildwache beschloss, der Stadt einen Streich zu spielen. Sie schlug Alarm, um die Stadtbevölkerung durch das angebliche Nahen eines Feindes in Angst und Schrecken zu versetzen. Der Erfolg war überwältigend. Alle liefen zu den Stadtmauern, und als Letzter eilte die Schildwache selbst dorthin. »Der Spaß hat einen ernsten Untergrund; er zeigt an, wie sehr unser Realitätsbewußtsein davon bestimmt ist, daß wir die Welt mit anderen teilen, und welche Charakterstärke dazu gehört, an Wahrem oder Erlogenem festzuhalten, an das andere nicht glauben oder das ihnen unbekannt ist. Das besagt aber, daß der Lügner um so sicherer das Opfer seiner eigenen Lügen wird, je erfolgreicher er sie in der Welt hat verbreiten können.«[66]

Sind wir mit einem Täuschenden konfrontiert, der seine eigenen Lügen glaubt oder, schlimmer noch, zwischen seinen Lügen und den Tatsachenwahrheiten nicht mehr unterscheiden kann, haben wir es mit einem deutlich schwerer zu bewältigenden Phänomen zu tun. Da ein politischer Lügner ein »Mann der Tat« ist, will er die Welt dahingehend verändern, dass sie seinen Lügen entspricht. Im Extremfall des Totalitarismus wollten totalitäre Führer genau das erreichen. Diese Versuchung und Gefahr erkennen wir heute auch in nicht totalitären Gesellschaften. Es ist beunruhigend, Hannah Arendts Schilderung der totalitären Propagandamöglichkeiten im Lichte dessen zu lesen, was heute überall auf der Welt geschieht. Denn was da momentan passiert, wirkt wie eine Wiederauflage dessen, was totalitäre Regime in deutlich extremerer Form taten. Die Menschen sind besessen von dem Wunsch, der harten Realität ihres Alltagslebens zu entfliehen, weil sie ihren gesellschaftlichen Status verloren haben und die ihnen vertraute Welt verschwunden ist. Es ist, als sei eine selbstverständlich erscheinende Alltagswelt aus Arbeit, Stabilität und gesellschaftlichem Aufstieg zusammengebrochen. In einer solcherart fragmentierten und desorientierten Welt spielt Tatsachenwahrheit keine Rolle mehr. »Massen werden so wenig durch Tatsachen überzeugt, daß selbst erlogene Tatsachen keinen Eindruck auf sie machen. Auf sie wirkt nur die Konsequenz und Stimmigkeit frei erfundener Systeme, die sie mit einzuschließen versprechen.«[67] Menschen, die das Gefühl haben, sie seien abgehängt und vergessen, sehnen sich nach einem Narrativ, das den Ängsten und der Not, die sie erleben, einen Sinn gibt – einen Sinn, der Erlösung von all ihren Sorgen verspricht. In einer solchen Situation kann ein autoritärer Führer die Ängste der Menschen ausnutzen und die Unterscheidung zwischen Lügen und Realität verwischen. Argumentative Schlüssigkeit und die Berufung auf Fakten sind für derartige Propaganda nicht wirklich von Bedeutung. Eine attraktive fiktionale Geschichte kann vollkommen immun gegen Tatsachenwahrheit, Realität und Argument sein.

In jüngster Zeit hat sich eine neue Form des Lügens entwickelt. Arendt spricht in diesem Zusammenhang von »Image-Pflege«, bei der auf Tatsachenwahrheiten verzichtet wird, wenn sie nicht ins Bild und zum Image passen. Das Image tritt an die Stelle der Wirklichkeit. Solchem Lügen wohnt stets ein Element der Gewalt inne: Organisiertes Lügen neigt immer dazu, all das zu zerstören, was zu negieren es beschlossen hat. Der Unterschied zwischen der traditionellen politischen Lüge und der modernen Lüge ist der zwischen etwas verbergen und etwas zerstören. Wir haben jüngst erlebt, wie künstlich erzeugte Images für Millionen Menschen zur Realität werden können, darunter auch für den Image-Macher selbst – nämlich bei der US-amerikanischen Präsidentschaftswahl im Jahr 2016. Obwohl seine Behauptungen ganz offenkundig falsch waren, beharrte der Präsident darauf, die Menschenmenge, die bei seiner Amtseinführung zugegen war, sei größer gewesen als jede andere zuvor zu diesem Anlass zusammengekommene; obwohl er nicht die Mehrheit der Stimmen gewann, blieb er beharrlich dabei, das sei auf millionenfachen Wahlbetrug zurückzuführen; und trotz aller Belege dafür, dass die Russen die Wahl beeinflusst haben, ist der Präsident weiter der Meinung, die »Behauptung« einer russischen Einmischung stelle auf schäbige Weise seine Legitimität in Frage. Die reale Gefahr dabei ist, dass ein Image erzeugt wird, an das loyale Anhänger unbedingt glauben wollen, ganz gleich, was faktisch wahr ist. Sie werden dazu animiert, alles, was diesem Image widerspricht, als »Fake News« abzutun oder als Verschwörung von Eliten, die sie betrügen wollen. Was Arendt vor mehr als einem halben Jahrhundert schrieb, könnte auch gestern geschrieben worden sein. »Die moderne Geschichte ist voll von Beispielen, in denen die einfache Berichterstattung als gefährlicher und aggressiver empfunden wird als feindliche Propaganda.«[68] Arendt war nicht so hoffnungsfroh zu glauben, diejenigen, die Tatsachenwahrheiten aussprechen, würden über die Image-Macher triumphieren. Tatsachenwahrheiten zu formulieren ist häufig machtlos gegen solche Image-Kampagnen und hat beim Frontalzusammenstoß mit den herrschenden Mächten keine Chance. Trotzdem war Arendt der Ansicht, die Tatsachenwahrheit besitze letztlich eine ganz eigene hartnäckige Macht. Die Image-Macher wissen das, und deshalb versuchen sie dort, wo es das Streben nach objektiver Wahrheit gibt, die freie Presse und andere unabhängige Institutionen zu diskreditieren.

Bislang habe ich mich auf die Macht des Lügens durch einen autoritären Führer konzentriert – auf jemanden, der irgendwann seine eigenen Lügen glaubt; es gibt jedoch noch eine andere Variante des Lügens, die besessen ist von Images. Arendt beschäftigt sich damit in ihrem Essay »Die Lüge in der Politik«, ihrer Reaktion auf die Veröffentlichung der als »streng geheim« eingestuften Dokumente der *Pentagon Papers*. Im Juni 1967 gab der amerikanische Verteidigungsminister Robert McNamara eine 47 Bände umfassende *History of U. S. Decision Making Process on Vietnam Policy* in Auftrag. 1971 leitete Daniel Ellsberg, der an der Abfassung des Berichts beteiligt gewesen war, diese reichhaltig dokumentierte Geschichte der amerikanischen Politik in Indochina an die Presse weiter. Auszüge daraus wurden in der *New York Times* und in der *Washington Post* veröffentlicht.

Die ganz grundsätzliche Frage, die durch die Veröffentlichung der *Pentagon Papers* aufgeworfen wurde, war die der Täuschung – des systematischen und dauerhaften Lügens staatlicher Stellen gegenüber dem amerikanischen Volk. Die Lüge machte sich auf allen Regierungsebenen, militärischen wie zivilen, breit – »die frisierten Zahlen der mit ›Suchen und Vernichten‹ beauftragten Einheiten; die zurechtgemachten Erfolgs- und Verlustmeldungen der Luftwaffe; die ›Fortschritte‹, die Untergebene von der Front nach Washington meldeten, wohl wissend, daß ihre Leistungen nach ihren eigenen Berichten beurteilt würden«.[69] Das war Lüge im großen Maßstab, an der alle möglichen Menschen überall im Staatsapparat beteiligt waren. Es ist gerade die Fragilität und Kontingenz von Fakten, »die die Täuschung *bis zu einem gewissen Grade* so leicht und so verlockend macht. Mit der Vernunft kommt sie nie in Konflikt, weil die Dinge ja tatsächlich so sein könnten, wie der Lügner behauptet. Lügen erscheinen dem Verstand häufig viel einleuchtender und anziehender als die Wirklichkeit, weil der Lügner den großen Vorteil hat, im voraus zu wissen, was das Publikum zu hören wünscht.«[70] Der

Lügner hat seine Geschichte für die Aufnahme durch die Öffentlichkeit präpariert und sorgfältig darauf geachtet, sie plausibel zu machen – plausibler jedenfalls als die Tatsachenwirklichkeit.

Das Bemerkenswerte an den Pentagon-Papieren ist: Genau zu der Zeit, da diese Image-Pflege erfolgte, lieferten die Geheimdienste akkurate Fakteninformationen, die diesem Image widersprachen. Doch diese Tatsacheninformationen wurden einfach ignoriert oder geleugnet, und zwar durch intelligente »Problem-Löser«, die an die Stelle faktischer Wahrheit alle möglichen »Szenarien« setzten. Was diese »Problem-Löser« mit gewöhnlichen Lügnern gemeinsam haben, ist der Versuch, sich völlig von den Fakten zu lösen. Sie hatten ein (falsches) Gefühl ihrer eigenen Allmacht. Sie waren förmlich besessen vom Image als solchem – dem Image der Vereinigten Staaten als größter Weltmacht. »Image-Pflege als Weltpolitik – nicht Welt*eroberung*, sondern Sieg in der Reklameschlacht um die Weltmeinung – ist allerdings etwas Neues in dem wahrlich nicht kleinen Arsenal menschlicher Torheiten, von denen die Geschichte berichtet.«[71] Angesichts dessen stellt sich die Frage: Wie konnte so etwas passieren? Wie konnten die »Problem-Löser« die faktische Realität der tatsächlichen Ereignisse vollständig ignorieren? Die »Problem-Löser« und »Entscheidungsträger« glaubten irgendwann ihre eigenen Lügen. Arendt weist darauf hin, dass hier eine ganz neue Tendenz zu beobachten war. Es war, als hätte sich der normale Prozess des Selbstbetrugs umgekehrt; die Täuschung mündete nicht in die Selbsttäuschung, sondern der Selbstbetrug erfolgte *zuerst*.

> Die Betrüger fingen mit Selbstbetrug an. Wohl dank ihrer hohen Positionen und ihrer erstaunlichen Selbstsicherheit waren sie von ihrem überwältigenden Erfolg – nicht auf dem Schlachtfeld, sondern auf dem Feld der Public Relations – so überzeugt und der Richtigkeit ihrer psychologischen Theorien über die Manipulierbarkeit von Menschen so sicher, daß sie an ihrer eigenen Glaubwürdigkeit niemals zweifelten und ihren Sieg im Kampf um die Volksmeinung *im voraus* für gegeben hielten. Und da sie ohnehin in einer von Tatsachen unbehelligten Welt lebten, fiel es ihnen nicht schwer, der Tatsache, daß ihr Publikum sich nicht überzeugen lassen wollte, ebensowenig Aufmerksamkeit zu schenken wie anderen Tatsachen.[72]

Arendt lässt uns mit einer widersprüchlichen Schlussfolgerung zurück. Einerseits behauptet sie, organisierte Lüge, Image-Pflege, Täuschung und Selbstbetrug würden keine Grenzen kennen. Andererseits ist, trotz der scheinbaren Hilflosigkeit der »Wahrsager« angesichts der Übermacht, irgendwann der Punkt erreicht, an dem die systematische politische Lüge zusammenbricht. Die politische Lüge kann die Tatsachenwahrheit zerstören, aber niemals ersetzen. Arendt zeigt uns, wie wirkungsvoll und gefährlich politische Lüge und Image-Pflege sein können. Es wäre naiv zu glauben, ein Beharren auf der Tatsachenwahrheit könne die Macht der Lügen brechen. Das unterschätzt, mit welcher Raffinesse die Image-Macher die Tatsachenwahrheit leugnen, lächerlich machen und zerstören. Es unterschätzt, wie sehr politische Lügner behaupten werden, eine freie Presse verbreite »Fake News«. Arendt zeigt, wie gefährlich es ist, wenn die grundsätzliche Unterscheidung zwischen wahr und falsch in Frage gestellt wird, wenn die Menschen sich nicht mehr darum scheren, was eine Lüge und was faktisch wahr ist. Wir sehen uns heute mit all diesen Tendenzen konfrontiert, nicht nur in den Vereinigten Staaten, sondern überall auf der Welt. Arendt würde es mit Sicherheit sehr kritisch sehen, wenn man simple Vergleiche zwischen der heutigen Welt und totalitären Regimen ziehen würde. Beängstigend aber sind – und das sollte uns eine *Warnung* sein – all diese Ähnlichkeiten zwischen organisierter Lüge, fiktionaler Image-Pflege, Täuschung und Selbstbetrug, wie sie heute vorherrschen, und den Methoden, die totalitäre Regime zur Perfektion getrieben haben.

# PLURALITÄT, POLITIK UND ÖFFENTLICHE FREIHEIT

Ganz am Ende ihres Aufsatzes über »Wahrheit und Politik« schreibt Hannah Arendt:

> Wir haben hier von Politik unter dem Aspekt der Wahrheit gehandelt, und das heißt aus einer Perspektive, deren Standort außerhalb des eigentlich politischen Bereichs liegt. Dies hat zur Folge, daß all das, was innerhalb des politischen Raumes vor sich geht und ihm die eigentümliche Größe und Würde verleiht, unbeachtet bleiben mußte. Aus dieser Perspektive, die sich wesentlich an dem Konflikt zwischen Politik und Wahrheit orientiert, sieht es so aus, als handele es sich in der Politik um nichts anderes als um Macht- und Interessenkämpfe, als gäbe es einen öffentlichen Raum im menschlichen Zusammenleben überhaupt nur, weil die Lebensnotwendigkeiten die Menschen zwingen, sich zu organi-

> sieren und je nachdem miteinander zu handeln oder einander zu bekämpfen, kurz, als könne man Politik als das Spiel definieren, in dem entschieden wird: »Who gets what, when, how?«[73]

Arendt hatte zweifellos ein realistisches Verständnis von Lüge, Täuschung, Selbstbetrug und Gewalt, welche die Politik zu ihren Lebzeiten bestimmten – und bis heute prägen. Sie war mit Sicherheit weder arglos noch sentimental. Politik, so sagte sie einmal, sei keine Kinderstube. Sie hat das beispiellose Wesen des Totalitarismus auf brillante Weise analysiert, wollte aber gleichzeitig die Würde der Politik wiederherstellen. Heute, da Politikern so viel Misstrauen entgegenschlägt, ist es schwer, nicht angesichts sämtlicher Formen von Politik in Zynismus zu verfallen. Arendt glaubte nicht an Blaupausen für politisches Handeln. Aber sie glaubte, dass man wie ein Perlentaucher, als den sie in Anlehnung an Shakespeares *Sturm* einmal Walter Benjamin bezeichnete, aus den Ruinen und Trümmern der Vergangenheit Perlen und Korallen fischen kann, die Aufschluss darüber geben, was Politik einmal war – und vielleicht wieder werden könnte. Ihre positive Idee von Politik liefert einen wichtigen Maßstab, um einschätzen zu können, was heute in der Politik fehlt – ein weiterer Grund, warum wir Hannah Arendt heute lesen sollten.

Zahlreiche Kommentatoren und Kritiker Arendts sind der Ansicht, sie habe ihren positiven Politikbegriff erstmals in *The Human Condition* (1958, dt. 1960 unter dem Titel

*Vita activa*) entwickelt. Weil sie sich dabei so sehr auf eine idealisierte Vorstellung der griechischen Polis und der römischen Republik stützt, hat man ihr vorgeworfen, sie würde einen Politikbegriff entwickeln, der heute irrelevant sei. Ich glaube jedoch, dass diese Kritik unberechtigt ist. Ausgangspunkt ihres Nachdenkens über Politik waren weder die Griechen noch die alten Römer, sondern ihre persönlichen Erfahrungen. Erste Hinweise darauf haben wir in ihren Ausführungen über Staatenlosigkeit und Flüchtlinge, über das Recht auf Rechte und über das Unglück der Rechtlosen gefunden. Erinnern wir uns daran, dass sie erklärte, es sei der Verlust eines Gemeinwesens – der Verlust einer Gemeinschaft, die bereit ist, die Rechte von Einzelnen zu garantieren und zu schützen –, der Menschen ihres Menschseins beraube. In ihrer Verteidigung einer jüdischen Heimstätte in Palästina, ihrem Plädoyer für arabisch-jüdische Gemeinderäte innerhalb eines föderierten Staates erkennen wir ebenfalls Keime ihrer positiven Vorstellung von Politik. Entscheidend aber ist: Ihre Suche nach dem Sinn von Politik war bestimmt von den Schrecken des Totalitarismus und der Erkenntnis, was das eigentliche Ziel totaler Herrschaft war: die Vernichtung menschlicher Individualität, Spontaneität und Pluralität. Der Philosoph Claude Lefort hat das Fundament von Arendts Nachdenken über Politik so beschrieben:

> Arendts Interpretation des Totalitarismus in seiner nationalsozialistischen wie in seiner stalinistischen

> Variante bestimmt die nachfolgende Ausarbeitung ihrer Theorie der Politik. Sie konzipiert Politik, indem sie das Bild des Totalitarismus umkehrt, und das führt dazu, dass sie nicht nach einem Modell der Politik sucht – die Verwendung des Begriffs »Modell« würde einen Verrat an ihren Intentionen bedeuten –, sondern nach einer Bezugnahme auf Politik in bestimmten besonderen Momenten, in denen ihre Merkmale am deutlichsten zu erkennen sind: den Momenten der Amerikanischen und der Französischen Revolution. Dieser Auflistung ließen sich noch der Moment der Arbeiterräte in Russland 1917 und der der ungarischen Räte 1956 hinzufügen.[74]

Lefort erfasst den Geist von Arendts Wiederherstellung der Würde von Politik, wenn er schreibt, sie habe nach diesen »besonderen Momenten [gesucht], in denen ihre Merkmale am deutlichsten zu erkennen sind«. In diesem Sinne befasste sie sich mit der griechischen Polis und der römischen Republik, mit der Amerikanischen und der Französischen Revolution, mit den Ausbrüchen dessen, was sie als den »Geist der Revolution« bezeichnete, vom 18. Jahrhundert bis zur Gegenwart.

Ich möchte im Folgenden das etwas komplizierte Begriffsgeflecht erkunden, das Arendt erstellt, um Sinn und Würde der Politik zu texturieren: Handeln, Pluralität, Natalität/Gebürtlichkeit, Sprechen, Erscheinung/Erscheinungsraum, öffentlicher Raum, öffentliche Freiheit, Macht (Ermächtigung), Überredung und politisches Urteilen/Urteilskraft. Dabei gilt es die spezifische Verwendung dieser Begriffe bei Arendt zu beachten. Denken verlangt, sorgfältige Unterscheidungen zu treffen, um grundsätzliche Fragen sichtbar zu machen. In *Vita activa* analysiert Arendt das »tätige Leben«, das traditionell der *vita comtemplativa*, dem »betrachtenden Leben« gegenübergestellt wurde. Sie unterscheidet drei Formen des Handelns, welche die *vita activa* umfassen: Arbeiten, Herstellen, Handeln. Arbeiten ist die Tätigkeit, die man fürs menschliche Überleben braucht. Solange die Menschen ihre körperlichen Bedürfnisse nicht befriedigen, werden sie nicht überleben. Beim Herstellen wird eine künstliche Welt erzeugt, in der sich das Leben stabilisieren lässt – eine Welt, die über eine gewisse Dauerhaftigkeit und Beständigkeit verfügt. Handeln (im spezifisch Arendt'schen Sinne) ist die einzige Tätigkeit, die sich unmittelbar, ohne Vermittlung, zwischen Menschen abspielt; es entspricht der Conditio humana der Pluralität. »Zwar ist menschliche Bedingtheit in all ihren Aspekten auf das Politische bezogen, aber die Bedingtheit durch Pluralität steht zu dem, daß es so etwas wie Politik unter Menschen gibt, noch einmal in einem ausgezeichneten Verhältnis; sie ist nicht nur die conditio sine qua non, sondern die conditio per quam.«[75]

Arendts umstrittene Unterscheidung zwischen Arbeiten und Herstellen wirft viele wichtige Fragen auf, doch ich will mich hier auf das Handeln konzentrieren – auf die Tätigkeit, die im Zentrum der Politik steht. Was meint Arendt, wenn sie davon spricht, das Handeln entspreche der menschlichen Bedingtheit der Pluralität? Pluralität bedeutet, dass jeder von uns eine ganz eigene Sicht auf die Welt hat. Wir können diese Distinktion zum Ausdruck bringen und uns von anderen unterscheiden, indem wir öffentlich kommunizieren, wer wir sind. Sprechen und Handeln offenbaren diese unsere Besonderheit. Handeln ist für Arendt die Fähigkeit, etwas zu initiieren, etwas Neues zu beginnen. Jeder Mensch verfügt über diese Fähigkeit, auch wenn sie irgendwo in ihm schlummert, unterdrückt wird oder sogar durch totale Herrschaft zerstört wird. »Handeln und Sprechen sind so nahe miteinander verwandt, weil das Handeln der spezifisch menschlichen Lage, sich in einer Vielheit einzigartiger Wesen als unter seinesgleichen zu bewegen, nur entsprechen kann, wenn es eine Antwort auf die Frage bereithält, die unwillkürlich jedem Neuankömmling vorgelegt wird, auf die Frage: wer bist du? Aufschluss darüber, wer jemand ist, geben implizite sowohl Worte wie Taten.«[76]

Handeln gründet auch in der Natalität: »Der Neubeginn, der mit jeder Geburt in die Welt kommt, kann sich in der Welt nur darum zur Geltung bringen, weil dem Neuankömmling die Fähigkeit zukommt, selbst einen neuen Anfang zu machen, d. h. zu handeln.«[77] Natalität hat natürlich mit Geburt zu tun – Arendt selbst übersetzt es mit »Gebürtlichkeit« –, doch Arendt legt die Betonung auf eine »zweite Geburt«, mit der ein Neuanfang verbunden ist.

Obwohl sie die menschliche Fähigkeit, anzufangen, etwas zu initiieren, etwas Neues in Gang zu setzen, hervorhebt, handeln wir nicht isoliert. Wir handeln *gemeinsam* mit unseren Mitmenschen und offenbaren, wer wir als besondere Individuen sind. Eines von Arendts originellsten Konzepten ist die Idee des öffentlichen Raums. Öffentliche Räume existieren nicht von Natur aus; sie müssen von Menschen künstlich geschaffen werden. Das sind die Räume, in denen wir in Diskussion miteinander handeln, reden, Meinungen bilden und überprüfen. Streng genommen entsteht Politik *zwischen* Menschen. Arendt verweist auch auf die Affinität zwischen der Politik und den darstellenden Künsten. »Genau so, wie das Musizieren oder das Tanzen oder das Theaterspielen für die Entfaltung ihrer Virtuosität auf ein Publikum angewiesen sind, das dem Vollzug beiwohnt, bedarf auch das Handeln der Präsenz anderer in einem eben politisch organisierten Raum, der keineswegs selbstverständlich und nicht überall anzutreffen ist, wo Menschen in irgendeiner Art von Gemeinschaft zusammenleben. Eine solche für das Handeln erforderliche ›Staatsform‹ war einmal die Polis.«[78]

Arendt stützt sich auf den griechischen Begriff der Isonomie – der politischen Gleichheit –, um ihre Vorstellungen von Politik zu erläutern. Herkömmlicherweise lauten die politischen Grundfragen: Wer regiert wen, welche verschiedenen Herrschaftsformen gibt es und aus welchen Quellen speist sich deren Legitimität? Doch Arendt begreift Politik viel radikaler. Politik ist eine Form des

*Nicht-Herrschens*; Politik beinhaltet nicht, dass ein Individuum oder eine Gruppe über andere herrscht. Wesentlich für die Politik ist vielmehr politische Gleichheit; wir debattieren und handeln unter Gleichen. Individuen werden nicht gleich geboren: Sie verfügen über unterschiedliche Fähigkeiten und Talente.

> Die Isonomie [in der griechischen Polis] garantierte ἰσότης, Gleichheit, aber nicht weil alle Menschen als Gleiche geboren oder von Gott geschaffen sind, sondern im Gegenteil, weil die Menschen von Natur her (φύσει) nicht gleich sind und daher einer von Menschen errichteten Einrichtung bedürfen, nämlich der Polis, um kraft des Gesetzes (νόμῳ) einander ebenbürtig zu werden. Gleichheit existierte nur in diesem spezifisch politischen Bereich, wo die Einwohner der Polis als Bürger und nicht als Privatpersonen zusammenkamen. Auf die Kluft zwischen diesem antiken Gleichheitsbegriff und den modernen Vorstellungen, denen zufolge die Menschen gleich geboren oder als Gleiche erschaffen sind und erst durch gesellschaftliche oder politische, also jedenfalls »künstliche« Einrichtungen ungleich werden, kann gar nicht nachdrücklich genug hingewiesen werden. Die Gleichheit in dem griechischen Stadtstaat war eine Eigentümlichkeit der Polis und nicht der Menschen, die ihre Gleichheit, nämlich das Vorrecht, sich unter ihresgleichen zu bewegen, ausschließ-

> lich dem Politischen und seiner Verfassung verdankten.[79]

In der griechischen Polis konnte man nur unter seinesgleichen frei sein. In der Polis gab es Freiheit nur unter politisch Gleichen.

> Entscheidend für dieses Zusammensehen von Freiheit und Gleichheit ist, daß Freiheit sich griechischer Auffassung zufolge nur in gewissen, keineswegs allen menschlichen Betätigungen manifestiert, und zwar solchen, die überhaupt nur möglich und realisierbar sind, wenn andere zugegen sind, um sie zu sehen, zu beurteilen und sich ihrer schließlich zu erinnern. Daher bedurfte die Freiheit immer eines eigens für sie erstellten Raumes, in dem Menschen zusammenkommen konnten, des Versammlungsplatzes, der Agora, um den die Polis politisch zentriert war.[80]

Arendt fragt eingehend nach der Bedeutung von Isonomie und Freiheit in der griechischen Polis und beleuchtet dabei ein wesentliches Merkmal der Würde *aller* echten Politik. Sie konkretisiert, was sie in ihrer Erörterung des »Rechts, Rechte zu haben«, skizziert hatte – die Idee eines Gemeinwesens und öffentlicher Räume, wo Individuen handeln und überlegen können und wo sie nach ihren Handlungen und Meinungen beurteilt werden. Diese Verflechtung der

Begriffe Handeln, Natalität, Pluralität und öffentlicher Raum bildet den Kontext für eine eingehendere Erkundung der konkreten weltlichen öffentlichen Freiheit.

In ihrem Aufsatz »Freiheit und Politik« unterscheidet Arendt zwischen dem philosophischen Problem der Freiheit, das sich mit der Frage des inneren freien Willens beschäftigt, und den politischen Vorstellungen einer öffentlichen, äußerlichen Freiheit. Sie vertritt die Ansicht, öffentliche Freiheit habe es in der griechischen Polis schon lange bevor Denker wie der heilige Augustinus mit dem Problem des freien Willens rangen gegeben. Die philosophische Frage des freien Willens kam auf, als die öffentliche Freiheit zu verschwinden begann. Für Arendt ist die *raison d'être* von Politik Freiheit und ihr Erfahrungsbereich das Handeln in der politischen Sphäre. Ohne einen politisch garantierten öffentlichen Raum fehlt es der Freiheit an dem Raum, den sie braucht, um in Erscheinung treten zu können: dem »Erscheinungsraum«. Um zu verdeutlichen, was sie mit öffentlicher Freiheit meint, verweist Arendt nicht nur auf die Isonomie der griechischen Polis, sondern auch auf die *philosophes* des 18. Jahrhunderts und ihre Charakterisierung öffentlicher weltlicher Freiheit:

> Die öffentliche Freiheit war eben nicht jene Innerlichkeit, in die man sich vor dem Druck der Welt beliebig zurückziehen kann, und sie war auch nicht das *liberum arbitrium*, die Freiheit der Wahl unter vorgegebenen Möglichkeiten. Die Freiheit, für die die-

> se Männer eintraten, konnte es nur im Bereich des Öffentlichen geben; sie war eine weltliche, greifbare, von Menschen erstellte Wirklichkeit, und nicht ein Geschenk oder eine der Realisierung harrende Fähigkeit. Sie war in anderen Worten der öffentliche Raum oder die ἀγορά, wie wir sie aus der Antike kennen, der hergestellte, weithin sichtbare Versammlungsplatz freier Männer und somit der Erscheinungsraum der Freiheit überhaupt.[81]

Wie eine Perlentaucherin greift Arendt auf die Griechen und die *philosophes* des 18. Jahrhunderts zurück, um wiederzugewinnen, was weltlich greifbare öffentliche Freiheit *ist* (nicht nur *war*) – die Art von Freiheit, die totalitäre Regime zu zerstören suchten. Diese öffentliche Freiheit wurde von den amerikanischen Gründervätern in ihren öffentlichen Debatten über die neue Republik demonstriert. Und diese fassbare öffentliche Freiheit wurde in jeder Manifestation des revolutionären Geistes lebendig, vom 18. Jahrhundert bis zum Aufstand in Budapest 1956. Öffentliche Freiheit ist eine *positive* weltliche Errungenschaft, die entsteht, wenn eine Pluralität von Menschen in öffentlichen Räumen handelt und debattiert, Meinungen austauscht und auf den Prüfstand stellt und den jeweils anderen zu überzeugen versucht.

Arendt unterscheidet zudem sorgsam zwischen öffentlicher Freiheit und Befreiung. Befreiung ist stets Befreiung *von* etwas oder jemandem – ob vom Elend der Armut oder von unterdrückerischen Herrschern. Diese Unterscheidung Arendts ist eine ihrer wichtigsten, und sie ist für die heutige Politik von Bedeutung, wo man dazu neigt, Befreiung und Freiheit zu vermengen oder zu verwechseln. Man denke beispielsweise an eine der zentralen Behauptungen, mit denen die US-Regierung unter George W. Bush die Militärintervention im Irak 2003 begründete. Der amerikanischen Öffentlichkeit wurde weisgemacht, mit dem Sturz Saddam Husseins werde die Freiheit im Irak aufblühen und sich überall im Nahen und Mittleren Osten ausbreiten. Wir wissen heute, dass das ein verheerender Irrglaube war. Die Befreiung von Unterdrückern kann eine *notwendige* Bedingung der Freiheit sein, aber sie ist niemals *hinreichend* für die Erlangung positiver öffentlicher Freiheit. Der Sturz von Tyrannen, Diktatoren und totalitären Führern führt nicht per se zu positiver greifbarer Freiheit. Diese bittere Lektion gilt es immer wieder neu zu lernen. Selbst bei einem Krieg wie dem gegen den Islamischen Staat gibt es keinerlei Garantie dafür, dass ein »militärischer Sieg« Freiheit in der Region mit sich bringt.

Arendts Unterscheidung zwischen öffentlicher Freiheit und Befreiung ist aber auch noch aus einem anderen Grund wichtig. Viele liberale und libertäre Denker setzen Freiheit mit negativer Freiheit gleich. Wir sind angeblich frei, wenn wir jeglichen »Zwang« von Seiten des Staates oder der Regierung so gering wie möglich halten oder sogar ganz verhindern. Diese Denker stehen der Vorstellung einer positiven öffentlichen Freiheit äußerst misstrauisch gegenüber, weil sie glauben, sie würde uns unaufhaltsam in Unterdrückung und sogar Totalitarismus abgleiten lassen. Das Eindrucksvolle an Arendts Charakterisierung der öffentlichen Freiheit ist aber gerade, dass sie bei ihr im Gegensatz zu allen Formen autoritärer Unterdrückung und Herrschaft steht. Arendt entwickelte ihre Idee öffentlicher Freiheit als Reaktion auf autoritäre Herrschaft und Totalitarismus.

Wir können unser Verständnis von Arendts Politikbegriff noch ein wenig vertiefen, wenn wir erkennen, wie eng er mit ihrem Verständnis von Macht verbunden ist, die sie der Gewalt gegenüberstellt. In ihrem Essay über Macht und Gewalt zitiert Hannah Arendt den amerikanischen Soziologen C. Wright Mills, der mit Nachdruck betont: »Alle Politik ist Kampf um die Macht; aufs höchste gesteigerte Macht ist Gewalt.« Diese Behauptung folgt »Max Webers berühmter Definition vom Staat als ›ein auf das Mittel der legitimen (das heißt: als legitim angesehenen) Gewaltsamkeit gestütztes Herrschaftsverhältnis von Menschen über Menschen‹«.[82] Dieses fest etablierte und weit verbreitete Machtparadigma hat eine lange Geschichte; Macht meint die Herrschaft eines Individuums, einer Gruppe oder eines Staates *über* andere; sie umfasst Befehl und Gehorsam. Begreift man Macht dergestalt, ist die Behauptung, letztlich sei Macht Gewalt, absolut nachvollziehbar. Arendt kannte diesen traditionellen Machtbegriff recht genau. In *Elemente und Ursprünge totaler Herrschaft* vertritt sie die Ansicht, totalitäre Regime hätten ihn bis zum Äußersten getrieben. Doch in ihrem Bemühen, die Würde der Politik zu verteidigen, kritisiert Arendt diese dominante Vorstellung von Macht. Macht und Gewalt lassen sich in ihren Augen nicht nur unterscheiden, es handelt sich vielmehr sogar um *gegensätzliche* Begriffe. Wo wahre Politik regiert, herrscht rationale Überredung, nicht Gewalt. Und wo Gewalt regiert, zerstört sie Macht.

> *Macht* entspricht der menschlichen Fähigkeit, nicht nur zu handeln oder etwas zu tun, sondern sich mit anderen zusammenzuschließen und im Einvernehmen mit ihnen zu handeln. Über Macht verfügt niemals ein Einzelner; sie ist im Besitz einer Gruppe und bleibt nur solange existent, als die Gruppe zusammenhält. Wenn wir von jemand sagen, er »habe die Macht«, heißt das in Wirklichkeit, daß er von einer bestimmten Anzahl von Menschen ermächtigt ist, in ihrem Namen zu handeln. In dem Augenblick, in dem die Gruppe, die den Machthaber ermächtigte und ihm ihre Macht verlieh (*potestas in populo* – ohne ein »Volk« oder eine Gruppe gibt es keine Macht), auseinandergeht, vergeht auch »seine Macht«.[83]

Schauen wir uns diese Passage genauer an. Wie wir gesehen haben, bedeutet Handeln nicht, allein zu handeln, sondern gemeinsam, in Übereinstimmung (*in concert*) mit unseren Mitmenschen in öffentlichen Räumen, die wir wechselseitig geschaffen haben. Macht ist das, was gemeinsames Handeln ermöglicht. Folglich ist Macht – anders als Stärke, die

Merkmal eines einzelnen Individuums sein kann – niemals Eigenschaft eines einzelnen Individuums, sondern Attribut einer Gruppe, die gemeinsam handelt. Das ähnelt der Art und Weise, wie Arendt den Begriff der Isonomie verwendet, nämlich als Eigenschaft einer politischen Gemeinschaft, nicht einzelner Individuen.

Besonders wichtig ist dabei der folgende Punkt. Die Macht einer Gruppe existiert nur, solange die Gruppe gemeinsam handelt. Wenn sich politische Gruppen auflösen oder zerfallen, verschwindet auch ihre Macht. Wenn Arendt davon spricht, jemand sei »an der Macht«, meint sie politische Führerschaft. Die Person an der Macht *herrscht nicht* über Angehörige der Gruppe. Sie wird von ihnen ermächtigt, und sie können der ermächtigten Person (oder Gruppe) die Macht jederzeit wieder entziehen. Das Bemerkenswerte an Arendts Konzeption von Macht (und ihrem Politikverständnis) ist, dass man sie nicht als vertikal, als hierarchisch begreifen darf, denn als solche bedeutet sie die Kontrolle eines Individuums oder einer Gruppe über andere. Macht ist bei Arendt vielmehr ein horizontaler Begriff: Sie entspringt und gedeiht, wenn eine Vielheit von Individuen gemeinsam handelt und sich gegenseitig als politisch Gleiche behandelt.

> Im Unterschied zur Stärke, einer Mitgift der Natur, die in verschiedenem Ausmaß jedem Einzelnen in Besitz gegeben ist, entsteht Macht nur, wo viele sich zusammentun, um zu handeln; sie ist nie ein fester

> Besitz, sondern verschwindet, sobald die Vielen, aus gleich welchen Gründen, wieder auseinandergehen oder einander im Stich lassen. Macht wird stabilisiert und in der Existenz gehalten durch die mannigfaltigen Formen des Sich-aneinander-Bindens, durch die Versprechen und Bünde und Verfassungen. Wo immer es Menschen gelingt, die Macht, die sich zwischen ihnen im Verlauf einer bestimmten Unternehmung gebildet hat, intakt zu halten, sind sie bereits im Prozeß des Gründens begriffen; die Verfassungen, Gesetze und Institutionen, die sie dann errichten, sind genau so lange lebensfähig, als die einmal erzeugte Macht lebendigen Handelns in ihnen überdauert.[84]

Angesichts dieser Auffassung von Macht und Ermächtigung, die entstehen, wenn Menschen gemeinsam handeln, können wir begreifen, warum Arendt der Meinung ist, Macht und Gewalt seien Gegensätze. Gewalt ist im Grunde antipolitisch. Sie nutzt verschiedene Instrumente, Waffen und ausgeklügelte technische Gerätschaften, um Macht zu zerstören. »Auch die größte Macht kann durch Gewalt vernichtet werden; aus den Gewehrläufen kommt immer der wirksamste Befehl, der auf unverzüglichen, fraglosen Gehorsam rechnen kann. Was niemals aus den Gewehrläufen kommt, ist Macht.«[85] Überdies greifen herrschende Regime zur Gewalt, wenn sie ihre Macht zu verlieren beginnen. Doch genauso wie Gewalt Macht zerstören kann, kann

Macht Gewalt überwinden. Wie wirkungsvoll Macht als Ermächtigung sein kann, haben wir nicht nur bei Gandhi und der amerikanischen Bürgerrechtsbewegung erlebt, sondern auch bei den Bewegungen, die überall in Osteuropa entstanden und zum Sturz der kommunistischen Regime führten. All diese Fälle sind Beispiele für das Anwachsen und die Wirksamkeit gewaltloser Macht. Natürlich weiß Arendt, dass wir in der »realen« Welt üblicherweise eine Mischung aus Gewalt und Macht vorfinden. Trotzdem gilt es politisch sorgfältig zwischen Macht als Ermächtigung und Gewalt zu unterscheiden. Arendt versucht zu erfassen, was an Ermächtigung und öffentlicher greifbarer Freiheit wesentlich ist.

Um Arendts dichte Beschreibung der Politik abzuschließen – eine Beschreibung, welche die Würde von Politik deutlich machen soll –, möchte ich die Rolle von Überredung und Urteilskraft in der Politik erörtern. In ihrer Analyse der Politik betont Arendt immer wieder die enge Verbindung zwischen Handeln und Reden. Grundlegend für die Politik ist die Form des Redens, bei der wir unsere Mitmenschen, mit denen wir eine gemeinsame Welt teilen, zu überzeugen versuchen. Überredung beinhaltet eine freie offene Debatte und argumentative Auseinandersetzung mit unseresgleichen sowie den Gebrauch der Urteilskraft. In ihrem Aufsatz »Kultur und Politik« stellt Arendt die interessante These auf, dass wir im ersten Teil von Kants *Kritik der Urteilskraft*, wo er sich explizit mit der ästhetischen Urteilskraft befasst, im Grunde Kants ungeschriebene politische Philosophie finden. Sie denkt dabei an Kants Analyse der reflektierenden Urteilskraft, eine Art des Nachdenkens über das Besondere, die das Besondere nicht unter irgendeine allgemeine Regel subsumiert. Urteilskraft erfordert Unterscheidung und die Erkenntnis, was das Besondere an einer bestimmten Situation ist, mit der man es zu tun hat. Urteilskraft verlangt eine »erweiterte Denkungsart«, die darin besteht, dass man mit Hilfe der Vorstellungskraft in der Lage ist, an der Stelle jedes anderen zu denken.

> Der Urteilende kann immer nur, wie Kant so schön sagt, »um jedes anderen Beistimmung [werben]« und hoffen, mit ihm übereinzukommen. Dies Werben ist ja offenbar nichts anderes, als was die Griechen πείθειν (peithein) nannten, jenes Überreden und Überzeugen, welches der Polis als die hervorragende Art und Weise des Miteinandersprechens galt und das sie nicht nur der verhaßten physischen Gewalt entgegensetzten, sondern auch von dem eigentlich philosophischen διαλέγεσθαι (dialegesthai) aufs genaueste zu trennen wußten, eben weil es in diesem Dialog um Erkenntnis ging und der Erkenntnis und Wahrheitsfindung eine zwingende Beweisführung entsprach.[86]

Besonders aufschlussreich ist Kant dort, wo er die Urteilskraft auf das Geschmacksurteil zurückführt, doch Geschmack darf nicht mit privaten subjektiven Gefühlen gleichgesetzt werden. Geschmack beruht auf dem *sensus communis* – einem Sinn, der uns in die menschliche Gemeinschaft einfügt.

Mit der Berufung auf Kant präsentiert Arendt ihr eigenes Verständnis von Urteilskraft – als spezifische Denkweise, die weder Ausdruck eines subjektiven Gefühls ist noch allgemeines Gesetz, wie es für das reine Denken charakteristisch ist; Urteilen ist eine Art des Denkens, die sich mit spezifischen Situationen in ihrer Besonderheit befasst. Und diese »Denkungsart« ist essentiell für die Politik. Viele der zentralen Merkmale von Arendts Konzeption der politischen Urteilskraft finden sich zusammengefasst in der folgenden Passage.

> Die Macht des Urteil beruht auf einer potentiellen Übereinstimmung mit anderen, und der Denkprozeß, der beim Urteilen stattfindet, ist nicht wie der Denkprozeß des reinen Nachdenkens ein Dialog zwischen mir und mir, sondern befindet sich immer und in erster Linie, selbst wenn ich in aller Einsamkeit versuche, zu einem eigenen Urteil zu kommen, in einer vorweggenommenen Kommunikation mit anderen, von denen ich weiß, daß ich mich letztlich mit ihnen auf irgendeine Art werde einigen müssen. Aus dieser potentiellen Einigung oder Übereinkunft bezieht das Urteil seine spezifische Gültigkeit. Das bedeutet, auf der einen Seite, daß sich solches Urteilen von den »subjektiven privaten Bedingungen«

> freimachen muß, das heißt von den Idiosynkrasien, die naturgemäß den Blickwinkel jedes Individuums in seiner Privatheit bestimmen und die auch legitim sind, solange sie rein private Meinungen bleiben, die jedoch nicht für den »Marktplatz« taugen und im öffentlichen Bereich jeder Gültigkeit entbehren. Diese erweiterte Denkungsart, die als Urteil ihre individuellen Beschränkungen zu überwinden weiß, kann in strenger Isolation oder in der Einsamkeit nicht funktionieren; sie braucht die Gegenwart anderer, »an deren Stelle« sie sich denken muß, ohne die sie überhaupt nicht die Gelegenheit hat, sich ins Werk zu setzen.[87]

Ich habe versucht, Arendts Vorstellungen von Sinn und Würde der Politik nachzuzeichnen, indem ich die Interdependenz und Verflechtung der Begriffe des Handelns, der Pluralität, der Natalität, des Redens, der öffentlichen Räume, der Isonomie, der greifbaren öffentlichen Freiheit, von Macht, Meinung, Überredung und Urteilskraft eingehender analysiert habe. Arendt wusste: Wenn sie darüber sprach, »was Politik in der Tat heute ist« oder ob »Politik überhaupt noch einen Sinn« hat, stellte sie ihre Analyse dem gängigen heutigen Verständnis von Politik gegenüber. Sie hatte das starke Gefühl, dass das »Absterben des Politischen gerade [...] zu diesen objektiv nachweisbaren Tendenzen der Neuzeit« gehört.[88] Inwiefern aber ist ihre Analyse von Sinn und Würde der Politik für uns heute relevant? Auf diese Frage will ich in mehreren Schritten antworten. Erstens möchte ich zeigen, dass Arendts Auffassung von Politik nicht »rein« theoretisch ist. Ich möchte das untersuchen anhand eines der exemplarischen privilegierten Momente, in denen ihrer Ansicht nach Politik praktiziert wurde – anhand der Amerikanischen Revolution. Zweitens will ich erkunden, was Arendt mit dem »revolutionären Geist« meinte. Drittens möchte ich deutlich machen, inwiefern Arendt uns eine kritische Perspektive verschafft, um die Versäumnisse und Defizite heutiger Politik zu beurteilen, und damit eine Inspirationsquelle für politisches Handeln darstellt.

## DIE AMERIKANISCHE REVOLUTION UND DER REVOLUTIONÄRE GEIST

Mit einem paradigmatischen Beispiel von Politik hat sich Hannah Arendt besonders eingehend befasst, und zwar mit der Amerikanischen Revolution. In ihrem Buch *On Revolution* (*Über die Revolution*) untersucht sie die moderne Bedeutung von Revolution und zieht eine scharfe Trennlinie zwischen Französischer und Amerikanischer Revolution. Revolution im modernen Sinne sollte man nicht verwechseln oder gleichsetzen mit Rebellion. Es gibt eine lange Geschichte von Aufständen, deren Ziel die Befreiung von Tyrannen und Unterdrückern war. Doch die neuzeitliche Vorstellung von Revolution, die im 18. Jahrhundert entsteht, umfasst sowohl Befreiung als auch Freiheit – und mit Freiheit meint Arendt die öffentlich fassbare Freiheit, wie sie in ihrer Konzeption von Politik beschrieben wurde. Das Ende der Rebellion ist die Befreiung, das Ende der Revolution hingegen ist die Begründung der Freiheit. Zwar begannen die Amerikanische und die Französische Revolution auf diese Weise, doch wie Arendt meint, wurde die Französische Revolution von der »sozialen Frage« erdrückt – dem Elend der massenhaften Armut, das schließlich zu Gewalt und zur *terreur* führte. In den amerikanischen Kolonien gab es zweifellos Armut und Sklaverei, freilich im Verborgenen; mit der Extremsituation in Frankreich war die dortige Lage jedenfalls nicht vergleichbar. Anders als die Franzosen, die unter einer absoluten Monarchie gelitten hatten und über keine wirkliche Erfahrung mit den Praktiken der Selbstverwaltung verfügten, hatten die amerikanischen Kolonien eine lange Tradition der Selbstregierung erlebt, die bis zum Mayflower-Vertrag zurückreichte.

Ursprünglich wollten die amerikanischen Kolonisten mit ihrem Widerstand gegen die britische Herrschaft ihre Rechte als Engländer wiederherstellen; sie waren keine Revolutionäre. »Durch ihr Tun und Handeln im Dienste einer Befreiung waren sie in das Getriebe der öffentlichen Angelegenheiten geraten, in welchem sie wissentlich und unwissentlich, auf jeden Fall aber wider alles Erwarten, den Erscheinungsraum konstituierten, in dem allein die Freiheit ihren ›Zauber‹ entfalten und zu einer sichtbaren, greifbaren Realität werden kann.«[89] Nicht der Befreiungskampf gegen die Briten bildet das Herzstück der Revolution. Vielmehr wurde den Gründungsvätern bewusst, dass sie dabei waren, etwas Neues zu schaffen, einen neuen *body politic* zu begründen, eine neue Republik, wie es sie nie zuvor gegeben hatte. Dieser revolutionäre Geist manifestierte sich in der fieberhaften Verfassungsgebung, die begann, sobald die Kolonien ihre Unabhängigkeit erklärten: »Denn in Amerika war auf den bewaffneten Aufstand und die Unabhängigkeitserklärung in allen dreizehn Kolonien eine Art von Verfassungsfieber ausgebrochen – als hätten, wie John Adams bemerkte, dreizehn Uhren gleichzeitig die Stunde geschlagen –, so daß sich keine Lücke, geschweige denn eine Kluft auftat zwischen dem Befreiungs- und Unabhängigkeitskrieg, der die Bedingungen für die neue Freiheit schuf, und der Transformation von Kolonien, die ihre rechtmäßige Struktur eingebüßt hatten, in neu zu errichtende Staaten.«[90]

Anders als viele Historiker, die die Amerikanische Revolution mit dem Befreiungskrieg gleichsetzen, betont Hannah Arendt, das wahrhaft revolutionäre Element sei der Verfassungsakt gewesen. Der Begriff der »Konstitution« ist dabei doppeldeutig. Er meint den konstituierenden Akt, aber auch die Gesetze der Regierung, die festgelegt werden, also die Verfassung. Der Prozess und das Ergebnis sind beide wichtig, aber Arendt betont den Verfassungsakt. Dort finden Debatte, Beratung, Streit und Meinungsaustausch statt; dort manifestiert sich öffentliche Freiheit. Sie pflichtet Thomas Paines Definition bei, die die amerikanische Erfahrung der Verfassungsgebung so auf den Punkt bringt: »›Eine Konstitution‹, sagt Paine, ›ist nicht der Akt einer Regierung, sondern eines Volkes, das eine Regierung konstituiert.‹«[91] Die öffentliche Freiheit trat in Erscheinung, als die Kolonien ihre eigenen Staatsverfassungen niederschrieben, und dann noch einmal, als in Philadelphia die Verfassung der Vereinigten Staaten erarbeitet wurde. Der Verfassungsentwurf musste von mindestens neun Kolonien ratifiziert werden. In extra dafür einberufenen Versammlungen wurden die Vorzüge und Mängel der neuen Verfassung intensiv erörtert. Keine Frage hatte die Verfassungsväter dabei mehr beschäftigt als die der Gewaltenteilung und der Machtbalance zwischen den Bundesstaaten und der Bundesregierung. Eigentliches Ziel der US-Verfassung war es nicht, Macht zu begrenzen, sondern neue Macht zu schaffen – nicht Macht über eine Bundesregierung, sondern deren Ermächtigung. Das Ganze war natürlich mit der Bill of Rights verknüpft, die dem Machtmissbrauch durch die neue Regierung Schranken setzen sollte. Die amerikanische Verfassung konsolidierte schließlich die Macht der Revolution. Die Kombination aus beschränkter Regierung, Gewaltentrennung sowie dem Machtausgleich zwischen den Staaten und einer ermächtigten Bundesregierung war die einzigartige Errungenschaft der Amerikanischen Revolution.

Dieser kurze Abriss der Amerikanischen Revolution macht deutlich, was für Arendt das Besondere an der Würde der Politik ist. Die Gründerväter handelten gemeinsam, um ein neues Gemeinwesen, eine neue Republik zu schaffen. Sie ermächtigten eine neue Form von Regierung. Trotz einer langen Tradition der lokalen Selbstverwaltung schufen die »gründenden Väter« wie Arendt sie nennt, neue öffentliche Räume, in denen sie in Erscheinung treten und miteinander diskutieren konnten. Sie betrachteten das nicht als Bürde, sondern als Freude, ihre öffentliche Freiheit erleben zu dürfen, was sie als »öffentliches Glück« bezeichneten. Die Gründerväter hatten viele ausgeprägte und erbitterte Meinungsverschiedenheiten, behandelten einander aber trotzdem als politisch Gleiche. Sie stritten sich heftig und versuchten die jeweils anderen zu überzeugen. Im Befreiungskrieg kam es natürlich zu Gewalt, aber bei der revolutionären Schaffung einer neuen Republik spielte sie *keine* Rolle. Die Amerikanische Revolution ist einer jener besonderen Momente in der Geschichte, in denen sich Sinn und Würde von Politik konkret manifestierten.

Arendt preist die Amerikanische Revolution und spricht von ihrem »Erfolg«, doch das, was *nach* der Ratifizierung der Verfassung geschah, sieht sie äußerst kritisch. Das Besondere am revolutionären Geist geriet in Vergessenheit, man war nicht in der Lage, es gedanklich zu erfassen und mit einer dauerhaften politischen Institution zu unterfüttern. Es gab keinen Raum, wo die besonderen Eigenschaften zum Tragen kommen konnten, die zur Gründung der Republik geführt hatten. Es gab eine grundlegende Aporie, die unauflösbar schien: »Diese Aporie, daß nämlich das Prinzip öffentlicher Freiheit und öffentlichen Glücks, ohne das keine Revolution auch nur denkbar ist, das Privileg der Gründergeneration bleiben könnte.«[92] Das Problem war: Wie konnte man stabile und dauerhafte politische Institutionen schaffen, damit die öffentliche Freiheit und das öffentliche Glück, die von den Gründervätern so hochgehalten wurden, weiterhin gedeihen konnten? Thomas Jefferson war derjenige, der diese Frage am scharfsichtigsten erkannte und sich am eingehendsten mit ihr befasste. Er hatte das Gefühl, die Revolution habe den Menschen zwar Freiheit geschenkt, aber keine politischen Institutionen geschaffen, in denen diese Freiheit auch von den nachfolgenden Generationen ausgeübt werden konnte. »Nicht das Volk, sondern nur seine gewählten Repräsentanten hatten Gelegenheit, sich wirklich politisch zu betätigen, was heißt, daß nur sie in einem positiven Sinne frei waren.«[93]

In seinen letzten Lebensjahrzehnten schlug Jefferson ein System lokaler Bezirke oder »elementarer Republiken« vor, in denen die Menschen selbst, nicht nur ihre Repräsentanten, ihre öffentliche Freiheit zum Ausdruck bringen konnten. Das war in Amerika etwas völlig Neues; man hatte ein derartiges System bislang in Stadtversammlungen praktiziert, in denen die Bürger vor Ort direkt an ihrer Selbstverwaltung partizipierten. Jeffersons große Angst war, der Geist öffentlicher Freiheit würde sich ohne solche aktiven »elementaren Republiken« verflüchtigen.

> Jefferson selbst war sich ganz klar darüber, daß er mit seinem Plan zur »Rettung der Republik« in Wahrheit die Rettung des revolutionären Geistes in der Republik im Auge hatte. So führte er seine Vorschläge immer mit einem Hinweis darauf ein, wie sehr »die Kraft unserer Revolution zu Anfang« den »kleinen Republiken« zu verdanken war, daß sie »die gan-

> ze Nation in energische Aktion gebracht hatten« und er später gelegentlich gespürt habe, »wie die Fundamente der Regierung durch die townships von Neu-England ins Wanken gerieten«, da die »Energie dieser Organisation« so stark war, daß »es keinen Menschen in diesen Staaten gab, dessen Körper nicht mit voller Wucht in Aktion gebracht war«. Nun sollten die Räte den Bürgern erlauben, weiterhin so zu handeln wie in den Jahren der Revolution, die gleiche politische Vitalität zu entfalten in der Teilnahme an öffentlichen Angelegenheiten und der Lösung politischer Probleme, wie sie sich von Tag zu Tag stellten.[94]

Wenn Arendt hier Jefferson zitiert, spricht sie mit *eigener* Stimme – nicht nur über die Amerikanische Revolution, sondern auch über den spontanen Ausbruch des revolutionären Geistes seit dem 18. Jahrhundert. Diese Revolutionen schufen »Inseln der Freiheit«.[95] Stets kam es dabei zur spontanen Einrichtung von Räten durch die Menschen selbst. Als Beispiele für die Manifestation des revolutionären Geistes nennt Arendt die französischen *sociétés révolutionnaires*, die Pariser Kommune von 1871, die russischen Sowjets, die 1905 und dann wieder 1917 geschaffen wurden, sowie die Räte, die in Deutschland im Zuge des Spartakusaufstands entstanden. Jedes Mal wenn diese Räte in Erscheinung traten, entstanden sie als spontane Organe des Volkes und wurden ebenso rasch zerschlagen – oft von »Berufsrevolutionären«. Sie hatte das Gefühl, in der französischen Résistance sei wieder einmal eine dieser seltenen »Inseln der Freiheit« entstanden. Plötzlich, erneut »ohne Vorwarnung und wahrscheinlich gegen ihre bewußten Neigungen«, sei es den Mitgliedern der Résistance »zugefallen, [...] nolens volens einen öffentlichen Raum zu schaffen, in welchem alle relevanten, die Angelegenheiten des Landes betreffenden Geschäfte – ohne das Drum und Dran offiziellen und vor den Augen von Freund und Feind verborgenen Gehabes – verhandelt, durch Tat und Wort erledigt wurden«.[96] Einer von Arendts liebsten Dichtern und Schriftstellern war der Franzose René Char, der Mitglied der Résistance gewesen war. Besonders gern zitierte sie seinen Aphorismus »Notre héritage n'est précédé d'aucun testament« (»Unserer Erbschaft ist keinerlei Testament vorausgegangen«). Arendt interpretierte das als Verweis auf den »verlorenen Schatz« der greifbaren Freiheit, wie die Résistance-Kämpfer das erlebt hätten.

Trotz Arendts Warnung vor den unterirdischen Elementen, die sich im Totalitarismus kristallisierten und von denen viele noch heute existieren, war sie auch der Ansicht, die Geschichte der Revolutionen vom Sommer 1776 in den USA und dem Sommer 1789 in Paris bis zum Herbst 1956 in Budapest führe die innerste Geschichte der Neuzeit vor Augen. Doch diese Geschichte »könnte in Form einer Parabel geschrieben werden: als Erzählung von einem uralten Schatz, der unter den unterschiedlichsten Umständen jäh, unerwartet zum Vorschein kommt und unter anderen mysteriösen Bedingungen wieder verschwindet, als wenn er eine Fata morgana sei«.[97] Es ist dieser »verlorene Schatz«, den Arendt zurückgewinnen will, um die Erinnerung daran lebendig zu halten. Aber eben nicht einfach als Erinnerung an etwas, das in der Vergangenheit geschehen ist, sondern als Benennung einer realen Möglichkeit, die in unserer Gebürtlichkeit wurzelt, in unserer Fähigkeit, zu handeln, etwas in Gang zu setzen, mit etwas Neuem zu beginnen.

Mit besonderer Begeisterung und Lebhaftigkeit schildert Arendt den Ausbruch des revolutionären Geistes und die Entstehung des Rätesystems in ihrem Essay über den Aufstand in Budapest 1956. Er dauerte zwar nur zwölf Tage und wurde von sowjetischen Panzern brutal niedergeschlagen, demonstrierte aber gleichwohl die beglückende Erfahrung von Menschen, die gemeinsam handeln und ihre eigene öffentliche Freiheit schaffen. Es kam zur spontanen Bildung von revolutionären Räten – Arbeiter- und Soldatenräten –, »welche nun seit mehr als hundert Jahren mit einer Regelmäßigkeit ohnegleichen im Aktionsfeld der Geschichte erscheinen, wann immer das Volk für ein paar Tage oder Wochen oder Monate die Chance hat, seinem eigenen politischen Menschenverstand zu folgen, ohne von einer Partei am Gängelband geführt oder von einer Regierung gelenkt zu werden«.[98]

> Es gab in Ungarn alle Arten von Räten – solche, die aus dem Zusammenwohnen der Menschen entstan-

> den, die Nachbarschaftsräte, die dann zu Stadt-, Kreis- und Provinzorganen anwuchsen, die revolutionären Räte, die aus dem Zusammenkämpfen geboren waren, die Schriftsteller- und Künstlerräte, die, möchte man meinen, in den Cafés sich bildeten, die Studenten- und Jugendlichenräte aus dem Zusammenstudieren an den Schulen und Universitäten, die Soldatenräte der Armee, aber auch Räte für Ministerialbeamte, Arbeiterräte in den Fabriken und so fort. Wo immer es ein Zusammen von Menschen in einem wie immer gearteten öffentlichen Raum gab, entstanden Räte, wobei eben diese Räte in jeder dieser unter sich ja ganz disparaten Gruppen das zufällige Zusammen in eine politische Institution verwandelten.[99]

Bei aller Begeisterung, die Arendt für das Rätesystem empfand, glaube ich nicht, dass sie das Problem, das Jefferson so sehr umtrieb, je gelöst hat – nämlich wie man eine stabile, dauerhafte politische Institution entwickelt, in der der revolutionäre Geist ein Zuhause findet. Wo auch immer die Räte spontan entstanden, wurden sie rasch zerschlagen. Aber Arendt erkennt etwas Wichtiges, was den Geist dieser Räte angeht und was für uns heute nach wie vor relevant ist. Sie bringt zum Ausdruck, was viele Menschen heutzutage in ihrem tiefsten Innern empfinden, wenn sie schreibt:

> Die Räte sagen: wir wollen mitbestimmen. [Wir wollen debattieren.] Wir wollen unsere Stimme irgendwo in der Öffentlichkeit zu Gehör bringen. [Und wir wollen die Möglichkeit haben, den politischen Kurs unseres Landes zu bestimmen.] Da das Land zu groß ist, daß alle zusammen mitbestimmen können, brauchen wir einen öffentlichen Raum innerhalb dieses Landes. Die Zelle, in der wir unsere Stimmzettel abgeben, ist zweifellos zu klein, denn in dieser Zelle ist Platz nur für einen. Die Parteien sind dafür ganz ungeeignet; da sind wir doch nur Stimmvieh. Wenn aber auch nur zehn Leute um den Tisch sitzen, da sagt jeder seine Meinung, da hört jeder die Meinung des anderen, da kann eine vernünftige Meinungsbildung durch den Austausch von Meinungen stattfinden.[100]

Arendt formuliert hier, was für sie stets grundlegend war und was auch für uns fundamental sein sollte – der Wunsch der Menschen, dass ihre Stimme in der Öffentlichkeit Gehör findet, dass sie an der Gestaltung ihres politischen Lebens wirklich teilhaben können. Sie wollte den revolutionären Geist, in dem öffentliche Freiheit lebendige Realität wird, wiedergewinnen und gedanklich fassen. Arendt hatte einen scharfen Blick für die in der modernen Gesellschaft vorherrschenden Tendenzen, die Politik und öffentliche Freiheit untergraben, verzerren und unterdrücken. Aber sie gab zu keiner Zeit ihre Hoffnung auf, dass der revolutionäre Geist wieder zum Ausbruch kommen kann. Zu ihren Lebzeiten sah sie ihn im Ungarnaufstand von 1956 und in den Anfängen der amerikanischen Bürgerrechtsbewegung lebendig werden. Hätte sie die Entstehung der politischen Bewegungen erlebt, die sich in den achtziger Jahren in Osteuropa ausbreiteten, hätte sie sie mit Sicherheit als weiteren Beleg für die Macht des revolutionären Geistes betrachtet – für die Macht, die erwächst, wenn Menschen gemeinsam handeln. Diese Bewegungen nahmen ihren Anfang in kleinen Gruppen, die um Tische herumsaßen, diskutierten und ihre Meinungen austauschten. Anführer dieser Bewegungen wie etwa Adam Michnik in Polen bezogen ihre Inspiration aus den Schriften Hannah Arendts. Was Arendt heute so aktuell macht, ist die Mischung aus ihren düsteren Warnungen vor herrschenden Tendenzen in der Gesellschaft, ähnlich denen, die sich im Totalitarismus kristallisierten, und ihrer tiefen Überzeugung, dass Menschen zusammenkommen und gemeinsam handeln können, dass sie ihre öffentliche Freiheit ausüben und dem Gang der Geschichte eine Wendung geben können.

## PERSÖNLICHE UND POLITISCHE VERANTWORTUNG

Verantwortung ist ein Thema, das in seinen zahlreichen Varianten das gesamte Leben und Werk von Hannah Arendt durchzieht. Was ihr persönliches Leben angeht, so haben wir gesehen, dass sie, als sie 1933 aus Deutschland floh, den Entschluss fasste, Verantwortung zu übernehmen und sich ganz praktisch am Widerstand gegen die Nazis zu beteiligen. Anfang der vierziger Jahre forderte sie, die Juden sollten die Verantwortung für die Aufstellung einer internationalen Armee übernehmen, die sich mit anderen zum Kampf gegen Hitler zusammenschließen sollte. Als sie der Ansicht war, die zionistische Bewegung falle einer extremen Ideologie anheim und ignoriere die Komplexitäten der arabisch-jüdischen Problematik in Palästina, betrachtete sie es als ihre Verantwortung, dieser Entwicklung zu widersprechen. Nach dem Ende des Zweiten Weltkriegs thematisierte sie dann weitere Aspekte von Verantwortung. Sie kritisierte die Regierung Adenauer in Deutschland vehement für ihre zögerliche Haltung, wenn es darum ging, ehemalige Nazis, die Mörder waren, vor Gericht zu stellen. Die Vorstellung einer Kollektivschuld lehnte sie nachdrücklich ab. In ihren Augen verwischte das alle Unterschiede zwischen denen, die wirklich verantwortlich waren und sich des Mordes schuldig gemacht hatten, und denjenigen, die das Regime stillschweigend unterstützt hatten. »Wo alle schuldig sind, kann im Grunde niemand mehr urteilen.«[101] Der Eichmann-Prozess warf weitere Fragen in Sachen Verantwortung auf. Arendt kritisierte die Ausreden, die zu Eichmanns Verteidigung vorgebracht wurden – dass er einfach nur Befehle befolgt habe, dass er nur seine Pflicht als SS-Offizier getan habe, dass er nur ein Rädchen in einer riesigen bürokratischen Maschinerie gewesen sei. Sie wandte sich auch gegen die überzogene (und irrige) Vorstellung, Eichmann allein sei für die »Endlösung« verantwortlich gewesen. Sie war der Überzeugung, dass in einem Gerichtsverfahren einem Einzelnen der Prozess gemacht werde – nicht einem bürokratischen System – und dass es Aufgabe der Richter sei, darüber zu urteilen, ob Eichmann schuldig und für seine Straftaten verantwortlich war. Die Richter hätten das Besondere an Eichmanns Verbrechen erkannt, als sie in ihrem Urteil konstatierten: »Die gegenständlichen Verbrechen sind ja Massenverbrechen, nicht nur, was die Zahl der Opfer anlangt, sondern auch in bezug auf die Anzahl der Mittäter, so daß die Nähe oder Entfernung des einen oder des anderen dieser vielen Verbrecher zu dem Manne, der das Opfer tatsächlich tötet, überhaupt keinen Einfluß auf den Umfang der Verantwortlichkeit haben kann. *Das Verantwortlichkeitsausmaß wächst vielmehr im allgemeinen, je mehr man sich von demjenigen entfernt, der die Mordwaffe mit seinen Händen in Bewegung setzt.*«[102]

Ein Aspekt des Themas Verantwortung aber durchzieht Arendts gesamtes Denken besonders intensiv – und er ist heute von besonderer Relevanz –, nämlich die Notwendigkeit, Verantwortung für unser politisches Leben zu übernehmen. Arendt war eine gnadenlose Kritikerin aller expliziten oder impliziten Berufungen auf irgendeine historische Notwendigkeit. Aufgrund unserer Natalität, unseres Handelns, unserer Fähigkeit zur Initiative können wir immer etwas Neues anfangen. Arendt lehnte unbekümmerten Optimismus genauso ab wie haltlose Verzweiflung. Gegenüber dem Glauben, es gebe eine verborgene Logik der Geschichte, die unausweichlich in den Triumph der Freiheit münden werde, war sie genauso kritisch wie gegenüber der Überzeugung, wonach es mit allem bergab gehe. Fortschritt und Untergang sind zwei Seiten derselben Medaille; beide sind eine Sache des Aberglaubens. Sie widersetzte sich falscher Hoffnung genauso wie falscher Verzweiflung. Mutig beschrieb sie die Finsternis unserer Zeiten – Lüge, Täuschung, Selbstbetrug, Image-Pflege und den Versuch, die grundlegende Unterscheidung zwischen wahr und falsch aufzuheben. Sie warnte unermüdlich vor all diesen gefährlichen Tendenzen im damaligen Leben, die bis heute fortbestehen und auch uns heimsuchen. Sie warnte aber auch davor, sich ob dieser Entwicklungen der Verzweiflung oder dem Zynismus hinzugeben. Ihre Suche nach dem Sinn und der Würde von Politik sollte ein Akt der Rettung und der Wiedergewinnung sein. Sie wollte den revolutionären Geist lebendig halten – die spontane Schaffung von Räumen fassbarer, weltlicher, öffentlicher Freiheit. Sie wusste nur zu gut, dass ihre Auffassung von Politik und die Art und Weise, wie wir üblicherweise über Politik heute nachdenken, auseinanderklaffen. Ihre Beschreibung der Politik war mit Sicherheit nicht als Handlungsanleitung gedacht. Doch ihre Verteidigung der Würde von Politik wird zu einem wichtigen Maßstab bei der *Beurteilung* dessen, was unserer heutigen Politik so sehr fehlt, wo es so wenig Gelegenheit zu echter Partizipation, zu gemeinsamem Handeln und zur Diskussion mit unseresgleichen gibt. Wir müssen der Versuchung widerstehen, aus der Politik auszusteigen und uns dem Glauben hinzugeben, angesichts der aktuellen Abscheulichkeit und Verdorbenheit könne man ohnehin nichts machen. Damit würden wir zulassen, dass wir am Schlimmsten mitschuldig werden. Arendts lebenslanges Projekt bestand darin, zu verstehen, zu begreifen, und zwar so, dass wir auf ehrliche Weise mit der Finsternis unserer Zeiten *und* mit den Quellen des Lichts konfrontiert sind. Dem, was Arendt zu Beginn von *Elemente und Ursprünge totaler Herrschaft* schreibt, galt ihr lebenslanges Bemühen:

> Begreifen bedeutet freilich nicht, das Ungeheuerliche zu leugnen, das Beispiellose mit Beispielen zu vergleichen oder Erscheinungen mit Hilfe von Analogien und Verallgemeinerungen zu erklären, die das Erschütternde der Wirklichkeit und das Schockhafte der Erfahrung nicht mehr spüren lassen. Es bedeutet vielmehr, die Last, die uns durch die Ereignisse auferlegt wurde, zu untersuchen und bewußt zu tragen und dabei weder ihre Existenz zu leugnen noch demütig sich ihrem Gewicht zu beugen, als habe alles, was einmal geschehen ist, nur so und nicht anders geschehen können. Kurz: Begreifen bedeutet, sich aufmerksam und unvoreingenommen der Wirklichkeit, was immer sie ist oder war, zu stellen und entgegenzustellen.[103]

Die Aufgabe, die sie sich stellte, ist jetzt *unsere* Aufgabe – die Last *unseres* Jahrhunderts zu tragen und die Existenz dieser Bürde weder zu leugnen noch uns widerstandslos ihrem Gewicht zu fügen. Wir sollten Arendt heute lesen, weil sie die Gefahren, mit denen wir es nach wie vor zu tun haben, so scharfsichtig erkannt und uns davor gewarnt hat, darüber gleichgültig oder zynisch zu werden. Sie drängte uns dazu, Verantwortung für unser politisches Schicksal zu übernehmen. Sie brachte uns bei, dass wir über die Fähigkeit verfügen, gemeinsam zu handeln, etwas in Gang zu setzen, anzufangen, danach zu streben, dass Freiheit weltliche Wirklichkeit wird. »*Initium ut esset, creatus est homo* –

›damit ein Anfang sei, wurde der Mensch geschaffen‹, sagt Augustin. Dieser Anfang ist immer und überall da und bereit. Seine Kontinuität kann nicht unterbrochen werden, denn sie ist garantiert durch die Geburt eines jeden Menschen.«[104]

## DANKSAGUNG

Gewidmet ist dieses Buch Jerry (Jerome) Kohn, einem Freund seit mehr als fünfundzwanzig Jahren. Jerry hat mehr als jeder andere dafür getan, um Hannah Arendt einer internationalen Öffentlichkeit bekannt zu machen. Er ist feinsinniger Herausgeber ihrer veröffentlichten und unveröffentlichten Werke. Seine eigenen Schriften zu Arendt sind stets klug und aufschlussreich. Er war eine Inspiration bei meiner eigenen Reise mit Arendt. Danken möchte ich Professor Carol Bernstein, die mein Manuskript gelesen und redigiert hat. Sie ist ohne jeden Zweifel meine härteste und scharfsinnigste Kritikerin. Cæcilie Varslev-Pedersen half dabei, dieses Buch für die Veröffentlichung vorzubereiten. Einmal mehr gilt mein Dank Jean van Altena, der das Manuskript meisterhaft lektoriert hat. John Thompson, der vorschlug, ich solle dieses Buch schreiben, war ein steter Quell der Ermutigung.

# ANMERKUNGEN

1 Hannah Arendt, »Vorwort« [1968], übersetzt von Ursula Ludz, in: dies., *Menschen in finsteren Zeiten*, herausgegeben von Ursula Ludz, München: Piper 2012, S. 8.

2 Hannah Arendt, »Wir Flüchtlinge«, übersetzt von Eike Geisel, in: dies., *Wir Juden. Schriften 1932 bis 1966*, zusammengestellt und herausgegeben von Marie Luise Knott und Ursula Ludz, München: Piper 2019, S. 39.

3 Hannah Arendt, »Action and the ›Pursuit of Happiness‹« [1962], in: dies., *Thinking without a Banister: Essays in Understanding, 1953-1975*, herausgegeben und mit einer Einleitung von Jerome Kohn, New York: Schocken Books 2018, S. 201. Teilweise zit. n. Richard J. Bernstein, »Sind Hannah Arendts Reflexionen über das Böse noch relevant?«, übersetzt von Eberhard Ortland, in: *Deutsche Zeitschrift für Philosophie* 55 (2007), S. 573. Der Essay als Ganzer wurde bislang nichts ins Deutsche übersetzt; Anmerkung des Übersetzers.

4 »Fernsehgespräch mit Günter Gaus (Oktober 1964)«, in: Hannah Arendt, *Ich will verstehen. Selbstauskünfte zu Leben und Werk*, herausgegeben von Ursula Ludz, 7. Aufl., München: Piper 2016, S. 59.

5 Arendt, »Wir Flüchtlinge«, S. 37.

6 Ebd.

7 Ebd., S. 48.

8 Ebd., S. 45.

9 Ebd., S. 51f.

10 Hannah Arendt, *Elemente und Ursprünge totaler Herrschaft. Antisemitismus, Imperialismus, totale Herrschaft*, von der Autorin übersetzter und durchgesehener Text, München: Piper 1986, S. 577.

11 Hannah Arendt, *The Origins of Totalitarianism*, Neuausgabe, New York: Harcourt, Inc. 1976, S. 277 (Hervorhebung des Verfassers). Dieser Satz ist in der deutschen Fassung des Buches nicht enthalten, Anm. d. Übers.
12 Arendt, *Elemente und Ursprünge totaler Herrschaft*, S. 574 f.
13 Ebd., S. 575 f.
14 Ebd., S. 601 f.
15 Ebd., S. 603.
16 Ebd., S. 605.
17 Ebd., S. 607 f.
18 Ebd., S. 611 f.
19 Ebd., S. 613 f.
20 Ebd., S. 616 (Hervorh. d. Verf.).
21 Ebd., S. 907 f.
22 Ebd., S. 930.
23 Ebd., S. 934 f.
24 Ebd., S. 940 f.
25 Primo Levi, *Ist das ein Mensch? Ein autobiographischer Bericht*, übersetzt von Heinz Riedt, München: dtv 1992, S. 108.
26 Arendt, *Elemente und Ursprünge totaler Herrschaft*, S. 942.
27 Ebd., S. 942.
28 Ebd., S. 943.
29 »Fernsehgespräch mit Günter Gaus (Oktober 1964)«, S. 59 f.
30 Hannah Arendt, »Die verborgene Tradition« [1944/48], in: dies., *Wir Juden*, S. 135.
31 Hannah Arendt, »Der Zionismus aus heutiger Sicht« [1945], übersetzt von Friedrich Griese, in: dies., *Wir Juden*, S. 175.
32 Hannah Arendt, »Zur Rettung der jüdischen Heimstätte ist es noch nicht zu spät« [1948], übersetzt von Eike Geisel, in: dies., *Wir Juden*, S. 245.
33 Ebd., S. 250 f.
34 Ebd., S. 251 f.
35 Ebd., S. 255.
36 Ebd., S. 256.

37 Ebd., S. 258 (Hervorh. d. Verf.).

38 Hannah Arendt, »Little Rock«, übersetzt von Eike Geisel, in: dies., *In der Gegenwart. Übungen im politischen Denken II*, herausgegeben von Ursula Ludz, München: Piper 2012, S. 270.

39 Elisabeth Young-Bruehl, *Hannah Arendt. Leben, Werk und Zeit*, übersetzt von Hans Günter Holl, Frankfurt am Main: S. Fischer 1986, S. 435f. Die Übersetzung wurde leicht modifiziert; Anm. d. Übers.

40 Ebd., S. 436.

41 Danielle S. Allen, *Talking to Strangers: Anxieties of Citizenship since Brown v. Board of Education*, Chicago: University of Chicago Press 2004; Kathryn T. Gines, *Hannah Arendt and the Negro Question*, Bloomington: Indiana University Press 2014.

42 Arendt, *Elemente und Ursprünge totaler Herrschaft*, S. 911.

43 Hannah Arendt, *Macht und Gewalt*, übersetzt von Gisela Uellenberg, München: Piper 1970, S. 75.

44 Arendt, »Little Rock«, S. 264.

45 Ebd., S. 268.

46 Ebd., S. 266. Für eine kritische Diskussion von Arendts Unterscheidungen zwischen dem Politischen, dem Gesellschaftlichen und dem Privaten siehe Richard J. Bernstein, »Rethinking the Social and the Political«, in: ders., *Philosophical Profiles*, Philadelphia: University of Pennsylvania Press 1986, S. 238-259.

47 Arendt, »Die verborgene Tradition«, S. 151.

48 Arendt, *The Origins of Totalitarianism*, S. 301f. Dieser Satz ist in der deutschen Fassung des Buches nicht enthalten; Anm. d. Übers.

49 Hannah Arendt, »Ziviler Ungehorsam« [1970], übersetzt von Eike Geisel, in: dies., *In der Gegenwart*, S. 311.

50 Arendt, »Little Rock«, S. 264.

51 Hannah Arendt, *Eichmann in Jerusalem. Ein Bericht von der Banalität des Bösen*, mit einem einleitenden Essay und einem

Nachwort zur aktuellen Ausgabe von Hans Mommsen, München: Piper 2011, S. 218.

52 Ebd., S. 363.

53 Ebd., S. 56f.

54 Hannah Arendt, »Über den Zusammenhang von Denken und Moral« [1971], übersetzt von Ursula Ludz, in: dies., *Zwischen Vergangenheit und Zukunft. Übungen im politischen Denken I*, herausgegeben von Ursula Ludz, München: Piper 2012, S. 128.

55 Christopher Browning, *Collected Memories: Holocaust History and Postwar Testimony*, Madison: University of Wisconsin Press 2003.

56 Hannah Arendt/Karl Jaspers, *Briefwechsel 1926-1969*, herausgegeben von Lotte Köhler und Hans Saner, München/Zürich: Piper 1985, S. 98f.

57 Hannah Arendt/Gershom Scholem, *Der Briefwechsel 1939-1964*, herausgegeben von Marie Luise Knott unter Mitarbeit von David Heredia, Frankfurt am Main: 2010 Jüdischer Verlag, S. 444, Arendt an Scholem, 20. Juli 1963. (Der zweite Teil des Zitats findet sich im deutschen Originalbrief nicht, wohl aber in der englischen Fassung, auf die Bernstein sich stützt: Hannah Arendt, *The Jewish Writings*, herausgegeben von Jerome Kohn und Ron H. Feldman, New York: Schocken Books 2007, S. 471; dort ist der Brief auf den 24. Juli 1963 datiert, was aber offenbar – wie der englische Wortlaut – falsch ist; Anm. d. Übers.) Näheres dazu, was mit der Banalität des Bösen gemeint ist und wie sie mit Arendts Darstellung des radikal Bösen in *Elemente und Ursprünge totaler Herrschaft* zusammenhängt, findet sich in Richard J. Bernstein, *Hannah Arendt and the Jewish Question*, Cambridge: Polity 1996; ders., »Hannah Arendt: Thought-Defying Evil«, in: ders., *Pragmatic Encounters*, New York: Routledge 2016, S. 140-157. Siehe auch ders., »Verantwortlichkeit, Urteilen und das Böse«, übersetzt von Bernd Samland, in: Gary Smith (Hg.), *Hannah Arendt Revisited: »Eichmann in Jerusalem« und die Folgen*, Frankfurt am

Main: Suhrkamp 2000, S. 291-309; ders., »Sind Hannah Arendts Reflexionen über das Böse noch relevant?«

58 Arendt, »Über den Zusammenhang von Denken und Moral«, S. 148.

59 Hannah Arendt, »Wahrheit und Politik«, in: dies., *Zwischen Vergangenheit und Zukunft*, S. 327.

60 Ebd., S. 333.

61 Ebd., S. 342.

62 Hannah Arendt, *Über die Revolution*, München: Piper 2011, S. 292.

63 Arendt, »Wahrheit und Politik«, S. 339.

64 Ebd.

65 Ebd., S. 361 (Hervorhebung von mir).

66 Ebd., S. 357f.

67 Arendt, *Elemente und Ursprünge totaler Herrschaft*, S. 745.

68 Arendt, »Wahrheit und Politik«, S. 360.

69 Hannah Arendt, »Die Lüge in der Politik. Überlegungen zu den Pentagon-Papieren« [1972], in: dies., *In der Gegenwart*, S. 323.

70 Ebd., S. 324f.

71 Ebd., S. 333.

72 Ebd., S. 344f.

73 Arendt, »Wahrheit und Politik«, S. 369.

74 Claude Lefort, »Hannah Arendt and the Question of the Political«, in: ders., *Democracy and Political Theory*, Minneapolis: University of Minnesota Press 1988, S. 45-55.

75 Hannah Arendt, *Vita activa oder Vom tätigen Leben*, München: Piper 2012, S. 17.

76 Ebd., S. 217.

77 Ebd., S. 18.

78 Hannah Arendt, »Freiheit und Politik« [1958], in: dies., *Zwischen Vergangenheit und Zukunft*, S. 207.

79 Arendt, *Über die Revolution*, S. 36.

80 Ebd., S. 37.

81 Ebd., S. 159.
82 Arendt, *Macht und Gewalt*, S. 36.
83 Ebd., S. 45.
84 Arendt, *Über die Revolution*, S. 227.
85 Arendt, *Macht und Gewalt*, S. 54.
86 Hannah Arendt, »Kultur und Politik« [1958], in: dies., *Zwischen Vergangenheit und Zukunft*, S. 300.
87 Hannah Arendt, »Crisis in Culture«, in: dies., *Between Past and Future: Six Exercises in Political Thought*, New York: Viking 1961, S. 220f. Die deutsche Übersetzung wird zitiert nach Seyla Benhabib, »Über das Urteilen und die moralischen Grundlagen der Politik im Denken Hannah Arendts«, in: dies., *Selbst im Kontext. Kommunikative Ethik im Spannungsfeld von Feminismus, Kommunitarismus und Postmoderne*, übersetzt von Isabella König, Frankfurt am Main: Suhrkamp 1995, S. 147. Die deutsche Fassung von Arendts Aufsatz unter dem Titel »Kultur und Politik« enthält diesen Abschnitt nicht bzw. nur ganz rudimentär; Anm. d. Übers.
88 Hannah Arendt: *Was ist Politik? Fragmente aus dem Nachlass*, herausgegeben von Ursula Ludz, München/Zürich: Piper 2003, S. 206, Anm. 25.
89 Arendt, *Über die Revolution*, S. 39f.
90 Ebd., S. 183f.
91 Ebd., S. 188.
92 Ebd., S. 299.
93 Ebd., S. 302.
94 Ebd., S. 321f.
95 Hannah Arendt, »Vorwort: Die Lücke zwischen Vergangenheit und Zukunft« [1961], in: dies., *Zwischen Vergangenheit und Zukunft*, S. 10.
96 Ebd., S. 7.
97 Ebd., S. 8.
98 Hannah Arendt, »Die Ungarische Revolution und der totalitäre Imperialismus« [1958], in: dies., *In der Gegenwart*, S. 102.

99 Ebd., S. 107.

100 Arendt, *Macht und Gewalt*, S. 132f. Die Sätze in eckigen Klammern finden sich nur in der englischen Version des Textes: Hannah Arendt, »Thoughts on Politics and Revolution«, in: dies., *Crises of the Republic*, New York: Harcourt Brace Jovanovich 1972, S. 232f.; Anm. d. Übers.

101 Hannah Arendt, »Organisierte Schuld« [1945], in: dies., *Die verborgene Tradition. Acht Essays*, Frankfurt am Main: Suhrkamp 1976, S. 38.

102 Arendt, *Eichmann in Jerusalem*, S. 364.

103 Arendt, *Elemente und Ursprünge totaler Herrschaft*, S. 25.

104 Ebd., S. 979. Im englischen Original lautet dieser Schluss etwas anders: »Anzufangen, bevor es zum historischen Ereignis wird, ist die höchste Fähigkeit des Menschen: Politisch ist sie gleichbedeutend mit der menschlichen Freiheit.« Anm. d. Übers.